接住孩子前，

先接住自己

陪你照顧內在需求，
度過情緒風暴

兒童職能治療師・童童老師
臨床心理師・鍾宛玲／著

目錄

Part 1 照顧情緒，從察覺內在需求開始

在教養小孩前，先學會照顧自己

神老師｜沈雅琪

記得在很多年前，班上有一個孩子眼神總是小心翼翼，刻意的討好和謹慎，每次只要做錯事我找過來談話時，他總是露出恐懼的表情，我動一下，他都會有閃躲的反應，好像下一秒我就會賞他一巴掌。很明顯應該是常常被打，才會有這樣自我保護的機制。

我告訴那孩子：「老師不會打你，不會生氣，我只是想要知道事情的經過。」但是他完全不信任大人，還是用同樣的方式戒慎恐懼地跟我相處，我常常要跟他鬥心機才能在他的謊話中找到真相。

我跟媽媽聯絡，那媽媽不斷數落這孩子成績差、愛說謊、各項表現都很差，媽媽說：「他都不像姊姊一樣那麼優秀，人家姊姊都可以考班上第一名，他為什麼成績可以這麼差……」

我跟媽媽說孩子的美術天分很好，媽媽說：「怎麼可

能？他都是亂畫，每次偷畫我都會打他，幹麼把時間用在沒有用的東西上面……」

我告訴媽媽：「這孩子很會畫畫，但是極度缺乏自信，深怕自己畫錯，美勞老師也說他很有天分，可惜不敢放手去畫。」

媽媽就哭了，說她都會因為成績不好一直罵他、處罰他，因為先生是職業軍人都不在家，媽媽負責照顧兩個孩子，把孩子所有的成績、行為當作評價自己的唯一依據，當然要求孩子非常嚴格。媽媽的言談中也透露出對爸爸的擔憂，爸爸常常沒有回家，她也不確定是不是在軍中，顯露出極度的不安全感。

媽媽哭著發抖問我：「該怎麼辦才好？我是不是害了他？」

我沒有看到說謊的學生，而是看到一個極度沒有安全感的孩子；我沒有看到惡意虐待孩子的媽媽，而是看到一個也需要幫助的女人。

最後找爸爸來聊天，讓爸爸看看孩子的畫作，也跟他描述孩子和媽媽的狀況，爸爸說：「我知道她會打孩子，一直勸她不要動手，我在家的時間少，沒想到她會這樣想。」

幸好爸爸非常在意家庭，後來換了工作，常常看到他分享一家人出遊的照片，孩子的情況也漸漸穩定下來，朝著美術的方向發展。

我們常常責怪孩子的錯誤行為、批判照顧者不適當的教養，但是如果深入探究，就能發現不管是孩子還是照顧者，一定有內在需求沒能被滿足而造成行為上的偏差而不自覺。如果我們能透過檢視情緒的方法來了解自己情緒發展的過程，就能減少很多衝突和不適當的對待。

　　《接住孩子前，先接住自己》這本書提供了很多教養孩子問題時可以選擇的方法，孩子不一樣，教養者不一樣，面對同一個問題或狀況時就會有不同的選擇。透過書上檢視的項目和過程，就能發現我們情緒中的盲點，卡住的原因，是不是能有更好的方法來面對孩子的問題呢？

　　書上有一段話我覺得很重要：「發現內在需求是最重要的，但是不是在意識到內在需求本質後去降低這些需求，更不是去放大自己的需求，而是在正視以後，找到平衡的方法來滿足來照顧，還在心中沒有被照顧到的自己。」

　　先把自己照顧好了，再來照顧我們深愛的家人，用平衡的方式去滿足自己的需求後，也用同樣的方式去滿足孩子的需求。

（本文作者為暢銷作家＆國小教師）

作者序
阿嬤的痠痛藥膏

童童老師（童雋哲）

　　小時候看過一篇散文，作者跟文章標題現在已經回想不起來了，但文章中的許多場景，卻仍時不時地躍然紙上，交織著我的人生片段。

　　這篇文章之所以在我腦中殘留的原因，除了生活化的描述讓我極其有共鳴之外，作者在文章中提到的痠痛藥膏，貫穿著整篇文章的「味道」，不僅僅記錄在當時的文字中，也建構著我對那些微小、卻能累積成巨大傷害的想像。「味道」是這樣的。

　　作者從小回到家中，迎接他的，不是飯菜香，而是阿嬤貼著痠痛藥膏的刺鼻味。這個單一卻複雜的味道，濃的時候是阿嬤的筋骨疼得厲害，淡的時候是阿嬤說貼著才睡得著。藥膏貼是貼在腰痠背疼的筋

骨上，味道卻是飄在耕作的田埂裡，以及枕著入眠的床墊中。

而這個為了緩解長時間姿勢不良，至少每日一貼的藥膏，痠痛有沒有真的因此消除不得而知，功效似安慰劑般，愈貼關節卻愈以肉眼看得出來的程度變形。味道的疊加，也愈發濃厚，直到阿嬤痛到下不了床。

上面的段落是我對文章的記憶。這個故事在我腦中時不時地被憶起，片段地閃過。而我開始在人生軌跡中，遇到了幾次被我歸類在「痠痛藥膏」的事件。

印象最深刻的一次是這樣的。

大概因為是職能治療師的關係，親戚朋友們除了見面時會用揶揄的方式叫我「喔，這不是童童老師嗎？」也不乏有許多人向我「求助」。當然，只要是與兒童、與專業有關的，我都非常樂意討論。其中，也會有「誤會」，以為職能治療師類似諮商師心理或臨床心理師的角色，而在心情不好或情緒發生狀況的時候想找我談談。

在面對如是情況，我能做到的也只是最初步的陪伴，至於真的有需要協助的程度，我還是會建議到身心科找臨床心理師或諮商心理師協助。

接下來要分享的故事，就是在如是的背景下，接到某位遠房親戚的聯絡。

　　「童童老師！我快受不了我媽了。不只是我受不了，其他人也都快沒辦忍受她了。她非常的情緒化，動不動就說不然去死一死好了。說完讓大家很緊張，結果又像沒事的人一樣做自己的事情。很多明明是小事，她卻可以鬧得很大，然後很重要的事情又不在意……」

　　看著親戚的求救訊息，我實在無法跟我印象中待人總是溫和、講話十分客氣的阿姨聯想在一起。也由於描述有些令人擔心的情況，我也立即與親戚約了時間，到他們家與阿姨聊聊。

　　到親戚家之前我確認著：「阿姨最近有發生什麼重大事件？或你們最近生活有什麼改變嗎？」

　　「沒有啊！一切都跟往常一樣。不過我媽從以前就很容易鑽牛角尖倒是真的。發生過的事情也很容易放不下……」親戚回覆。

　　訊息往來了幾次，直到要見面聊聊的那天，開門迎接我的阿姨倒是和印象相近；客氣、措辭保守，但也不致於有拒人於千里之外的感覺。

　　聊到一半，親戚把我拉進了他們家的廚房：「你看！」映入我眼簾的畫面，著實嚇了我一跳。廚房的牆壁上、窗戶

上、櫃子上，貼滿了密密麻麻，寫著鼓勵自己的紙條。而阿姨也聽見我們的交談聲進了廚房。

「我就是，心情不好的時候，就寫一張。然後貼在牆上提醒自己。」阿姨用不鹹不淡的口氣說著。臉上看不出任何表情了。

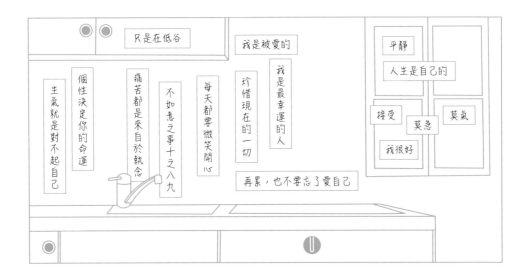

剎那間，畫面與痠痛藥膏的故事重疊著，阿嬤是因為想緩解痠痛而貼藥膏；阿姨則是因為不想讓自己一直陷在負面情緒中而寫下正向字條，卻都在貼著貼著之後，堆疊出更大的苦楚。直到現在我都還記得看到滿是正向紙條時的衝擊感。

後續的狀況，我就不再贅述了，我也在與阿姨聊過幾

次建立信賴感後，介紹阿姨到心理治療所進行更進一步的治療。

━━━━

時至今日，我仍然思考著這些被我歸類在「痠痛藥膏類型」的事件——用了最急速地方式處理，好似緩解了某些開始萌芽的痛苦，卻也只是包覆著這些微小的傷口。傷口表面上像是結痂了，卻只是沒癒合地，又加上另一個傷口。直至我們再也無法承受。

針對筋骨痠痛，我們已經開始有了概念，知道不能只是貼痠痛藥膏，而是要去找復健科醫師、找物理治療師。至於心理上的微小傷口呢？

我覺得，仍在努力的推廣中。畢竟，仍然有些人會覺得——

「哎呀！這種事情。眼淚吞一吞就過了。」

「放心吧！時間會沖淡一切。」

「你就是想太多！放開一點吧！」

但我想說的是，「心理」健康，就跟「生理」健康一樣，需要我們好好地去重視、好好地擁抱、好好地啟動療傷的過程。當然，許多情況或許不需要到心理治療的程度，但

一定不止只是讀讀幾行正向文字、告訴自己「我很好」就夠了。而又該如何起頭呢？或許，我們可以一起從知道自己的情緒從何而來開始，也是這本書想跟大家分享的主要概念。

有情緒，很正常。因為情緒正在告訴你，還有什麼，沒照顧到。

延續著上述的初心，以及有幸在臨床上遇到值得信賴的好夥伴——宛玲老師後，我們將這幾年在臨床中，與許多家長們一同奮鬥的經驗集結成這本書。也希望藉由這本書跟大家分享——雖然每個家庭、每段親子關係都不一樣，但我們相信，照顧自己與照顧孩子會是條雙向的路。而我們想要看到孩子的成長，或許能從我們自己身上找到方向。

作者序
身為父母，有情緒很正常

鍾宛玲

　　人的一生，是成長的累積，一路上有時顛簸，有時暢行無阻。自己往往看的是眼前的路好不好走，有沒有稱心如意，卻忘記停下來思考，或者回頭檢查，那些走過的痕跡，每一步、每一腳印，都為下一步做鋪陳，構築成整個航程的軌跡。

　　擔任了父母的角色後，每天有多少時間，還記得自己是誰，而不是某某小朋友的爸爸媽媽。

　　在有自己的下一代之前，承襲的是原生家庭的規範，隨時間推進，逐步塑造了個人獨有的特質，以及價值觀、道德判斷，衍生想追求的安全、愉悅、滿足感。

　　當自己有了下一代，這些深植的認知行為模式，不論可意識到的、還是無法意識到的，皆一一展現於與孩子的互動之中，但天下沒有完全適配的親子，總是需要花時間磨合，而這個過程就可能出現隱隱的不暢快或者不安，倘若先認識

自己的內在需求，找到不勉強自己，也不強迫孩子的協商方法，最終將是收穫成長的雙贏局面。

這本書是以父母角色為出發點，經驗式探索身為爸媽，在面對孩子的時候，自己會出現的心理狀態。書中內容借用對話範例來做開場，透過模擬的情境及選項，來幫助了解自我的各個面向。

接著練習理性地檢視前因後果，釐清言行不一致或立場相互矛盾的自我內在衝突，還有自我和小孩之間差異或不協調的外在衝突，方能有效地領悟負面感受來源，並安撫自己的不穩定情緒。進而愈來愈懂得感性地照顧自己，為親子帶來正向溝通互動的改變。

註：為了閱讀的流暢性，因此本書的故事、以及與家長互動的描述，皆以第一人稱書寫。但由於本書為雙作者形式共同創作，為避免誤會，特此申明書中提到的「我」，皆是童童老師提供案例，非為鍾宛玲老師的觀點。

照顧情緒，
從察覺內在需求開始

01 一位挫敗的母親

　　「你們真是我遇過最認真的家長了！」某一次上課時我和家長說。

　　他們對孩子的治療課從未斷過，風雨無阻地堅持了三年。就連出給孩子的回家功課也是，使命必達就已經相當不簡單了，孩子的爸媽總是在每次上課時，問足了回家練習時遇到的問題。

孩子的母親堅定地回著：「一定要的，孩子真的落後太多了！」

　　孩子的爸爸聽到媽媽這樣說，倒是露出苦笑的表情。而孩子在這三年的治療課裡，從一位每天被老師抱怨、聯絡簿寫滿，滿滿、滿滿改進事項的小一新生；成長到作業可以自己完成，不用再提心吊膽地擔心在學校又出了什麼包的三年級哥哥。

　　「老師，他在學校打同學！怎麼辦？」

　　「老師，他都不寫考卷，整堂考試都在發呆！」

　　「學校老師說他有進步一點點，但還是會上課上到一半，就自己站起來走動！」

　　「吼！又開始不寫功課，一兩頁寫到十一、二點，明明可以五分鐘就寫完的！」

　　「這禮拜都沒有被老師寫聯絡簿耶！」

　　「學校老師說，上課時的專注力有進步！以前一堂課要叫好幾次他的名字，現在提醒一下就可以馬上回神。」

　　「這禮拜好像都沒有什麼大事，寫功課也都不用我全程在旁邊盯了。」

　　即使每週只有兩個小時的見面，在三年的時間軸線上，堆疊了孩子成長過程的起起伏伏。與孩子的爸爸媽媽討論到是讓治療課可以淡出時，我總有幾分感慨與不捨。

「孩子進步很多喔！也都很穩定，可以像我們之前計畫的一樣，從診所這邊畢業了。」我說。

「老師，所以我們以後都不用來了嗎？」孩子的母親說著，語句中夾雜著的情緒，不是預期中家長聽到孩子進步時的開心，倒像是焦慮、質疑，甚至還有明顯的生氣。

「對喔！造成孩子出現狀況的本質問題已經解決了。這段時間，他在家裡、在學校已經穩定下來了。」我慎選著語詞，接著說：「這個時間點，就是我們可以試著放手，觀察他在沒有治療課時，適應狀況的好時機。」

「我覺得他還沒準備好！」孩子的媽媽直接拒絕了我的建議。

我第一次遇到有家長竟然不想讓孩子畢業。「我懂媽媽您的擔心，所以我們接下來也會有追蹤的機制，建議可以每三個月回來診所一次，我們會幫孩子再做一次評估，了解孩子適應的狀況。」

解釋反而換來孩子的媽媽愈發激動的回應，在旁沉默了一陣的爸爸倒是開了口：「老師說要讓孩子畢業就讓他畢業，畢竟老師才是專業！」不知道是想法得不到支持，還是過於擔心孩子，爸爸的話才說完，孩子的母親開始落淚。

「沒關係，畢竟這是相當重大的決定，我可以把之後的規劃打成一份簡單的報告書，下次會談的時候，我們再來討

論，也會比較清楚、踏實！」我感到手心冒汗，不知道是來自於緊張還是不知所措，平常總是冷靜堅強的母親，竟然會有如此波動的情緒。

會談結束時，我在心裡納悶著：「漏掉什麼了嗎？」

孩子是人生中最大的挫敗

志忑著過了一個禮拜，上課時會談室裡坐著的，只有孩子的母親。

「咦？爸爸今天沒來嗎？」少了從不缺席的爸爸，著實讓我驚訝。

「對。」與上次相比，孩子的媽媽倒是冷靜許多。

「老師，這禮拜回去之後我想了很多。也有一些事情想單獨與您討論。所以這禮拜先叫爸爸不用來了。」我點點頭。

孩子的媽媽深吸了一口氣，一副風雨欲來的樣子：「老師，我覺得這孩子是我這輩子最大的挫敗。」接著這段令人心碎話語的，是這一路來的心路歷程。

「我，從小就是個品學兼優的好學生。父母幫我設定的考試目標，不是全班第一名，而是全校第一名！我在求學階段沒遇到太大的挫折，順利考上了第一志願。」

「出了社會，別人是擠破頭要進我任職的公司，我則是連面試都沒有就進去了。也大概是真的很擅長現在的工作，幾次重大危機交到我的手上，我也能順利解決。」

「好像，真的是生下兒子之後，我才感受到所謂的挫折感是什麼。而這種什麼都控制不了的無力感，就在他開始上幼稚園的時候，變得更加強烈。真的！每一天、每一天，都有人指著我，說我兒子的不是。」

「每天去學校接孩子的時候，都在躲老師，怕被抓著抱怨孩子的狀況；也怕打開家長群組，群組裡其他家長指責我沒教好小孩！天曉得我真的什麼方法都試過了……我真的不知道當時是怎麼熬過來的。每天看著他的時候，我都想著這怎麼會是我的小孩，然後又因為這樣的想法有罪惡感……」

「直到孩子幼稚園大班時，他的老師說服我，孩子可能需要醫療協助，我才開始帶著他跑早療，孩子的狀況也才慢慢好轉。老師，上禮拜您跟我說要讓孩子畢業的時候，我真的很擔心，怕孩子沒上治療課之後，又變回之前那個不受控、讓我挫敗感滿滿的孩子……」

孩子的母親說著，情緒已不像上禮拜般的激動，卻也紅了眼眶。在旁聆聽著的我，不能說懂，卻好像理解了些什麼。

我無法想像在其中的挫折、煎熬，以及每天還要面對孩

子卻又無處可躲的痛苦；理解了的是，原來我所看到的認真背後，帶著如此沉重的情緒。

我是真的漏掉了些什麼。

「孩子是我這輩子最大的挫敗」中，講出口的有著擔心孩子再次退步的恐懼，但再也無法承擔的是自己的挫敗感。於是孩子成長了，母親仍對自己的挫折束手無策。

「老師，不只是我兒子，是不是我也要看心理醫生？」

娓娓道出心聲的會談室中，有徬徨、有無助，也有著或許不會有標準答案的疑惑。

02

情緒與內在需求的
關係

　　開頭故事帶給我很大的衝擊以及反思。對我最大的影響，就是上完治療課與家長會談時，我不再只有報告孩子的表現，也開始關心家長們在處理孩子問題時的感受。

　　「最近爸爸媽媽心情都還好嗎？」

　　「這件事最近比較常被提起，爸爸媽媽在孩子發生這樣的事件時，是什麼感受呢？」

　　「那您們最後是怎麼平復心情的呢？」

　　而多數的家長們，也從一開始沒有詢問情緒時「都還好啊，都很好」的回應，到彷彿抓到浮木般的訴苦著。

　　不僅如此，這些因為「情緒話題」而打開的開關，不僅讓我深深的感受到育兒就是步上修行之旅的開始之外，也讓我有機會跟家長們分享「如何照顧自己的情緒」。

能忍人所不能忍...

長出三頭六臂...

成為讀心術大師...

開啟24小時營業模式...

也是直到這個時刻，直到家長們開始與我分享情緒時，我才覺得治療課有了「完整」的感覺。

　　不是要歸咎問題在誰身上，但孩子很多時候就像是一面鏡子，在跟他們相處時，映照出大人還沒照顧好的自己。而當我們因此得以回到自己身上時，不僅有機會在自己身上找到方向，這些成長，最終也能夠回到親子關係的相處中，成為關係裡的養分。

　　不過，看到這邊，或許大家會疑惑「照顧自己的情緒？有什麼好照顧的？又不能問情緒餓不餓，要不要吃飯？而且情緒的處理，不就是跟自己說不要發脾氣嗎？」

◉ 要怎麼「照顧」呢？

情緒，該如何照顧呢？

　　事實上，就情緒發生的歷程來看，「照顧情緒」這句話由於沒有陳述到引發情緒的原因，因此只能算「描述一半」。怎麼說呢？

　　首先，讓我們先來試想一個情境——當某人說出「這件事我真的無感！」時，我們可以想像說出這句話的人，對於發生的事件毫無感覺，因此也不會主動去注意，更不用說事件的發生，會對他產生任何影響了。

　　反過來說，事件之所以會引發我們的情緒感受，一定是因為事件中有讓我們在意的部分，不僅讓我們「有感」並「注意到」，我們也會在情緒的驅使下，對在意的點做出「有情緒的行動」。

　　想想看，我們什麼時候會生氣呢？可能是——

「孩子拖拖拉拉，該睡覺了還沒有洗澡……」（ 눈_눈 ）
「竟然偷零用錢跑去買遊戲點數……」（ ╯ಠ益ಠ）╯
「功課寫很久，寫完還是亂七八糟……」（ ಠﾑಠ氣 ）

　　上述的狀況之所以會成為多數家長的情緒導火線，不僅僅是孩子出現「不聽話」「偷竊」「態度隨便」等行為。根本

的原因，就在於這些行為挑戰了我們的心理需求（想要），並在這些需求無法被滿足的情況下，成為事件中讓我們在意的部分。所以到底是什麼心理需求被挑戰，讓我們如此在意呢？

- 我們需要孩子們的作息能夠控制在「按時進行的軌道上」，不然晚睡精神不好，隔天又會爬不起來的「控制需求」。
- 我們希望孩子的行為能夠符合道德標準，孩子卻違反了我們的道德底線時的「道德需求」。
- 或是孩子花了比預期多的時間，功課成果卻完全「沒有達到標準」的「成效需求」。

雖然我們平時不會用「控制」「道德」「成效」等等的生僻名詞來描述育兒當中發生的狀況。但當我們從「心理層面」探討情緒發生的歷程時，可以發現，的確不是所有孩子的行為都會引發我們的情緒，只有在「孩子的行為」與「我們的需求與需要」發生碰撞，使得「心理需求無法被滿足」時，情緒才隨之而生。（如右圖）

這也是為什麼我會說「照顧情緒」這句話，並沒有說得很完整的原因。

因為情緒的出現，就功能及目的來說，像是個「警報

◉ 情緒 v.s. 需求

「不是」孩子的任何行為	加上 +	家長接收到	就會等於 ≠	有情緒的家長
「是」孩子行為	加上 +	行為與我們的需求碰撞	才會 =	讓我們有情緒

器」一樣。當警鈴大作時，就是提醒著我們「注意！你有一個很重要的需求沒有被滿足，正被挑戰中喔！」

而我們就會在不喜歡警報系統一直處於「嗶嗶嗶」的情況下，驅使著我們想辦法滿足自己的需求，最終，能解除情緒警報。

因此，與其說要「照顧情緒」，其實更好的說法會是──「察覺情緒，照顧需求」。

不過，就像情緒有很多種，且不同的情緒要提醒的事情都不一樣。心理需求也不只有上面提到的「控制」「道德」

◉ 情緒，就是我們「心理狀態」的警報器

情緒	警報訊號	與需求的連結
生氣	失控	喪失對需求的控制
難過	失去	失去珍視的需求
焦慮	不確定	不確定需求是否能滿足
害怕	危險	有威脅危害到我們的需求
開心	滿足	需求獲得滿足

「成效」這三個而已。

接下來，就來好好介紹及討論，究竟有哪些心理需求，以及為什麼需要照顧這些需求吧！

什麼是「基礎」心理需求？

當我們剛誕生到這個世界的時候，所有的東西對我們來說都是新的、沒碰過的，也因此，新生兒們會對周遭的人事物充滿最初心的好奇。而雖然說看起來貌似什麼都不懂，但剛出生的北鼻們的反應也並非完全像張白紙。

◉ **基礎需求:「需求」,意指有需要。**

「基礎需求」,不僅有需要,且需要的原因是因為與我們的生存、健康狀態等息息相關。

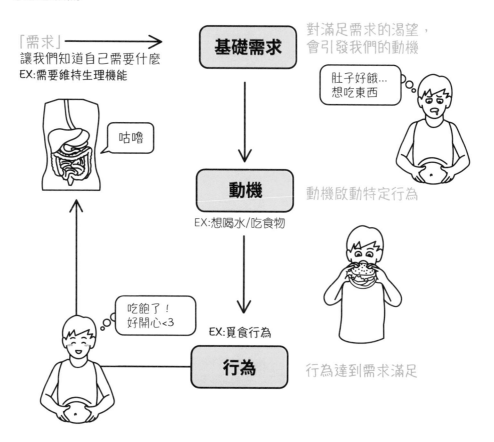

「需求」⟶
讓我們知道自己需要什麼
EX:需要維持生理機能

咕嚕

基礎需求

對滿足需求的渴望,
會引發我們的動機

肚子好餓...
想吃東西

動機

動機啟動特定行為

EX:想喝水/吃食物

吃飽了!
好開心<3

EX:覓食行為

行為

行為達到需求滿足

事實上，人類為了確保生存，我們的基因裡埋藏著許多「天生程式」。這些先天程式，會設定好哪些事物更能引發我們的興趣，並在這些程式的運作下，讓我們主動地去追求這些事物來「滿足」自己。

換句話說，即便大人沒有教，為了「生存」「健康」「成長」等目的，我們會主動「攝取」這些最基本的需要，也就是所謂的「基礎需求」。

其中，追求「食物、水、睡眠」等「生理」層面的滿足，是較能直覺理解的部分，畢竟沒有食物或水，我們根本沒辦法存活；但另一層面——「心理」，其實也有許多基本的需求，雖然較難想像，但的確與我們的生存或健康狀態息息相關。

舉例來說，基礎心理需求層面之一的「依附需求」，就驅使著小北鼻主動與主要照顧者形成依附關係，才能藉由主要照顧者的保護，確保在環境中安全地探索。

而尋求滿足「控制需求」的過程，就是在確認「環境是可控制的」的情況下，了解環境是安全的、以及相信自己有能力掌控現在的狀態。

基礎需求	
基礎生理需求	**基礎心理需求**
⊙ 進食 ⊙ 飲水 ⊙ 睡眠	⊙ 依附需求 ⊙ 預期需求 ⊙ 控制需求 ⊙ 成效需求 ⊙ 自尊需求 ⊙ 道德需求 ⊙ 歸屬需求

　　而這些需求之所以「基礎」，就在於這些「想要」，不像「想要最新的蘋果手機」「想要名牌包包」這麼簡單，甚至不會「浮到」我們的意識層面，讓我們自己控制「要還是不要」。（想想，如果身體不會提醒自己要進食，會對我們的健康造成多大的影響？）

　　但，基礎歸基礎，相信大家對於這些心理需求的名詞仍相當陌生。就先讓我們先用幾張圖片，簡單的介紹一下七大心理需求吧！

七大「基礎心理需求」的簡單介紹

依附需求

謝謝你接納我、懂我，在你身邊我很安心。

需要與特定的人、事、物形成連結，並因此獲得安全感、以及藉由如是的依附關係來緩衝情緒。

〔依附需求〕

我們的一生中，會與許多人形成依附關係。

譬如大家較為熟知的幼兒與主要照顧者，到求學時期要好的同儕，再到成人之後相識相愛的伴侶等等。不管是何種時期的依附對象，一旦與「特定的對象」建立了依附連結，在這個特定的對象身旁時，就會覺得有安全感，也會在對方說出：「沒事了」的時候，知道我們不是一個人面對這個世界裡所感受的生氣、悲傷與害怕。

當依附對象存在時，即使造成情緒的事件還沒被解決，我們的情緒也得以在依附對象協助調節之下逐漸緩解。就好像我們的情緒，正透過依附而得以有所緩衝一般，也讓我們更有勇氣來面對遇到的困難。

預期需求

我想要知道接下來會發生什麼事，
我才能有所準備。

當未知的人、事、物出現時，我會需要了解。

因為在了解之後，能讓我有所準備。

〔預期需求〕

如果事情的發生，是在我們的預期之外，會造成什麼狀況呢？沒錯，由於我們完全沒有準備，因此感到手足無措，也會延遲後續處理的速度。更不用說在還沒有那麼多庇護、總是與大自然搏鬥的原始時代，人類會因為沒有預期而出現多少生存危機了！

因此，當我們在面對未知的人、事、物，且此未知的事物與自身相關時，我們會本能地想要了解。並在了解的過程中，我們就會對這些未知的事物形成預期——「會發生哪些狀況」「有哪幾種可能性」「可能有哪些結局」等等，我們也能因此先做好準備。

控制需求

我想要事情能夠被自己掌握。

需要有「我」參與規劃的感覺。因此會希望能有選擇權，以及事情能夠在自己的掌控下，達到想要的結果。

〔控制需求〕

控制需求，意味著我們會希望事情能在「自己」的想法下進行，並能在掌控下朝著自己想要的結果前進。同樣地，控制需求也會表現在「不」喜歡被控制、「不」想被限制等等的想法與行動上。（因為「我」會被剝奪掉）

如此，控制需求其實正幫助我們確認自己是「獨立的個體」，能夠獨立思考，且知道自己的所作所為會對環境造成影響。

成效需求

> 我都努力了，希望不要出錯。

> 需要自己的付出與收獲成正比。而衡量是否成正比的方式，就是在付出之後，有沒有得到等價的報酬，或事情愈完美（愈少出錯）越好。

〔成效需求〕

　　成效需求，說然乍看之下與生存沒什麼關係，但就需求滿足的層面而言，正關乎到我們能不能保持動機、獲得成就感。

　　相對的，當成效需求沒辦法滿足時，我們會失落，或在不確定能否滿足成效需求時，感到焦慮及緊張。

自尊需求

> 我喜歡被認同的感覺，
> 也希望能證明自己的價值。

需要自己是有價值的。

而確認自我價值的方式，可能透過自我證明或社會

訊息的回饋。

〔**自尊需求**〕

　　自尊需求，簡單來說，就是需要自己是有價值的。不僅包括自己對自己的價值看法，也包含別人對我們的價值回饋。與自尊相關的感受包括驕傲、羞愧、尊嚴、認同等等。

為了維護社會的建立及和諧，所以需要自己的行為
符合「社會規範」。並以不傷害別人、不影響社會
的運作為道德形成的前提。

〔道德需求〕

　　從演化的角度來看，「道德需求」其實就是基於「形成
社會」會對人類生存愈有利的角度而出現的。因此在道德需
求的影響下，我們會盡力讓自己的行為符合社會規範。

　　至於什麼是社會規範呢？多數規範的形成，是基於「大
家都這麼做」以及「不傷害別人」為前提建立的。而當我們
違反社會規範時，會因為罪惡感、愧疚等情緒，而對自己的
所作所為進行彌補。

歸屬需求

我們的球隊就像是個大家庭一樣！
很開心能成為球隊的一員。

不希望被社會孤立，因此需要自己是團體內的
一分子，或有團體內的身份。

〔歸屬需求〕

　　歸屬需求與「依附需求」類似，都是指需要與他人建立
關係，有所連結，但就需求本質而言，會是兩種不同需求層
面。

　　依附需求有所謂的特定性，也就是我們無法從隨便的
某個人身上得到依附需求的滿足，而是需要「特定」且「有
建立依附」的固定對象。歸屬需求則沒有此限制，只要有被
團體容納，成為團體內的一分子，都可以帶來歸屬需求的滿
足。

改變，從了解自己的心理需求開始

討論完基礎心理需求後，我們先用以下流程圖做個整理。

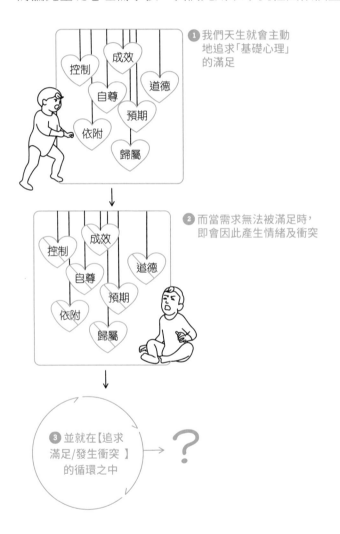

❶ 我們天生就會主動
地追求「基礎心理」
的滿足

❷ 而當需求無法被滿足時，
即會因此產生情緒及衝突

❸ 並就在【追求
滿足/發生衝突】
的循環之中

如上圖所示，我們天生就會、不需學習就能無意識產生的反應，大致上可以整理成「需要」→「未能滿足」→「情緒｜衝突出現」此三個階段。不過，如果只有看到這邊，或許大家會想問：

「不對啊！這樣的流程，只是在說明需求是每個人都會有，情緒反應很正常而已啊！我想知道的是，如果不想一直對孩子發脾氣，該怎麼辦啊？」

別急，我知道沒有人喜歡一直發脾氣，畢竟負面情緒之所以負面，就是因為會讓我們處在不舒服的身體狀態。但就像上面的圖片，在「先天」的流程圖後面畫了一個大問號一樣。其實，在這三個步驟之後，「後天」還有很長的一段路等著我們來走。

我們，知道自己的情緒從何而來了嗎？
我們，能夠調節自己的情緒反應了嗎？
我們，找到「平衡」的方法，來滿足自己的需求了嗎？

而這些恰巧和前三個步驟相反，不是我們天生就會的事情、更不是試一下就馬上學的起來的歷程，而是需要不斷地嘗試，甚至就是在情緒與衝突之中，直到找到平衡的方向。

不過避免海量資訊讓大家棄書而去。上述問題的答案，

容我們在後面慢慢探討。畢竟光是文謅謅的心理需求名詞，就需要一點時間消化了。為此，我們也準備了二十一題情境測驗。

這二十一題的情境測驗、除了藉由模擬與孩子相處的事件中，我們的反應及選擇，來預測自己在育兒時最容易被挑戰的基礎心理需求之外，也想與大家進一步探討：「我們知道自己的情緒，從何而來了嗎？」

準備好跟著情境測驗一起，找出我們心中需要被照顧的內在需求了嗎？

03
二十一題情境測驗，
找出內在需求

　　請大家從第一題情境題開始，閱讀情境的故事後，依照說明選擇自己的答案，並按照指示完成情境測驗。過程中，請注意以下幾點：

- 為增加準確度，大家可以在看故事時，先將選項遮起來，在心中想像或寫下自己的答案。接著再翻開來進行對照。（當然你也可以直接看選項作答）
- 選項的選擇，請大家以第一個腦海閃過「自己會做的行動」為依據，而不是認為「最正確的答案」（重點！）
- 如果題目中的情境你沒遇過，可以在試著想像情境後，依直覺反應作答，不必太過拘泥細節喔！準備好了嗎？那我們就開始吧！

情境（一） 繳交作文作業

孩子的學校功課是寫作文。結果檢查功課時，發現孩子在作文簿上畫了一幅畫。經過詢問後，孩子也知道作文簿要寫文字。但關於這個主題他就想用畫的，請問你會如何反應？

Ⓐ 支持他

「好喔！你如果想用畫的交作文作業也沒問題。」

Ⓑ 提醒他

「你自己也說作文要用寫的，那可能要重新寫，我再來簽名喔！」

Ⓒ 採取中立

「我先不簽名，你去問老師能不能用畫的。」

選A ⇢ 到情境（三）　　選B ⇢ 到情境（二）　　選C ⇢ 到情境（二）

情境（二） 萬聖節裝扮

孩子最近迷上動漫，相當喜歡其中的一個角色。也因為這樣，孩子希望能夠在學校萬聖節活動上，與你「一起」扮演動漫角色。面對孩子的請求，你會如何回應呢？

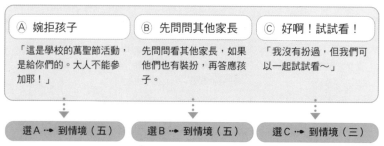

Ⓐ 婉拒孩子

「這是學校的萬聖節活動，是給你們的。大人不能參加耶！」

Ⓑ 先問問其他家長

先問問看其他家長，如果他們也有裝扮，再答應孩子。

Ⓒ 好啊！試試看！

「我沒有扮過，但我們可以一起試試看～」

選A ⋯▶ 到情境（五）　　選B ⋯▶ 到情境（五）　　選C ⋯▶ 到情境（三）

情境（三）要怎麼去公園呢？

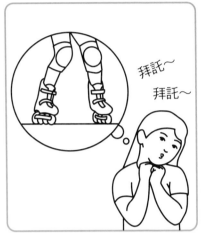

原本都是騎腳踏車到公園，孩子看到鄰居的朋友跟父母溜直排輪出門後，便提出想要與你「一起」溜直排輪到公園的想法，如果是你，會怎麼回應呢？

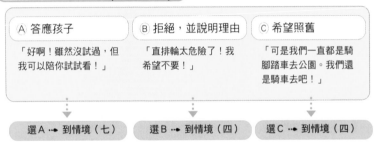

Ⓐ 答應孩子

「好啊！雖然沒試過，但我可以陪你試試看！」

Ⓑ 拒絕，並說明理由

「直排輪太危險了！我希望不要！」

Ⓒ 希望照舊

「可是我們一直都是騎腳踏車去公園。我們還是騎車去吧！」

選A ⇢ 到情境（七）　選B ⇢ 到情境（四）　選C ⇢ 到情境（四）

情境（四）鋼琴課事件

禮拜三下午是孩子固定學習鋼琴的日子，孩子也很認真地在學習。這天，孩子從學校拿回來一張傳單，說有「短期」的戶外生態課可以報名，並表示自己的同學都會去，因此也想要參加。但必須犧牲掉原本禮拜三彈鋼琴的時間。孩子說明生態課結束，會繼續回來練習鋼琴，請問你的反應是？

Ⓐ 幫助孩子釐清什麼才是重要的

「不要同學說想去，你就跟著想去。你真的知道生態課是在做什麼嗎？」

Ⓑ 課已經排好了，沒辦法改

「鋼琴課的時間都已經跟老師喬好了耶！沒辦法改來改去。」

Ⓒ 生態課？也太酷了吧！

「好哇！你想去就去報名吧！而且生態課聽起很好玩～」

選A ┅▶ 到情境（八）   選B ┅▶ 到情境（九）   選C ┅▶ 到情境（七）

情境（五） 遊戲卡事件

孩子跟你抱怨：
「我都把我的遊戲卡分
享給同學了！為什麼他
還是不跟我玩？」此時
你會如何建議孩子呢？

Ⓐ 鼓勵孩子繼續試試 看其他方法	Ⓑ 他不跟你玩， 你可以去找別人	Ⓒ 提醒孩子把遊戲卡 要回來
「除了分享遊戲卡之外， 你還有邀請同學跟你玩什 麼？」	「又不是只有一個同學， 你可以去找其他同學玩 呀！」	「那你請同學還你遊戲 卡？花了那麼多錢買遊 戲卡，不能就這樣算 了。」

選A ⋯➤ 到情境（六）　　選B ⋯➤ 到情境（八）　　選C ⋯➤ 到情境（六）

情境（六） 學校交友

下課了，我們去操場走走好嗎？

嗯～可是我想畫畫誒…

孩子被老師寫聯絡簿，說孩子在學校下課時間都沒有跟朋友出去玩，而是坐在位置上畫畫。雖然沒有任何特別的事情發生（也確定沒有），但老師還是表明擔心孩子的交友狀況，並詢問家長的意見，請問老師提出的三個建議中，你會傾向先執行哪項策略呢？

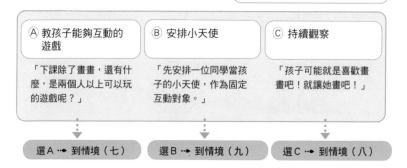

Ⓐ 教孩子能夠互動的遊戲

「下課除了畫畫，還有什麼，是兩個人以上可以玩的遊戲呢？」

Ⓑ 安排小天使

「先安排一位同學當孩子的小天使，作為固定互動對象。」

Ⓒ 持續觀察

「孩子可能就是喜歡畫畫吧！就讓她畫吧！」

選A ⋯▶ 到情境（七）　　選B ⋯▶ 到情境（九）　　選C ⋯▶ 到情境（八）

情境（七）玩桌遊

孩子邀請您與他們一起玩桌遊，但孩子們也不清楚遊戲規則，請問你會選擇如何開始？

Ⓐ 邊玩邊確認

「好啊！不會玩沒關係，我們一邊玩一邊確認規則。」

Ⓑ 先確認規則再玩

「好。等我們先把規則搞懂，再一起來玩。」

Ⓒ 先玩再說

「不會玩沒關係，就先玩玩看吧～」

選A ⋯► 到情境（十）　　選B ⋯► 到情境（十一）　　選C ⋯► 到情境（十二）

情境（八） 說故事比賽

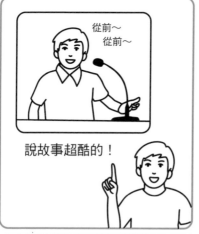

從前～
從前～

說故事超酷的！

孩子自己說要報名說故事比賽，也幫他報名了，但眼看比賽就要到了，他卻都沒在練習，請問這時你會……？

Ⓐ 直接提醒孩子要練習

孩子本來就很被動，我們應該要提醒他，說故事也是要練習的。

Ⓑ 用暗示的告誡孩子

你記不記得上一次你沒練習，結果發生什麼事？

Ⓒ 是孩子自己要報名的

是孩子自己要報名參加比賽的。他應該自己承擔沒練習的後果。

選A ⇥ 到情境（十）

選B ⇥ 到情境（十二）

選C ⇥ 到情境（十一）

情境（九）烘焙

在家與孩子一起動手做烘焙，孩子沒有按照食譜上的步驟執行，導致做出來的成品沒有成功。孩子想再試一次。
你會如何建議孩子呢？

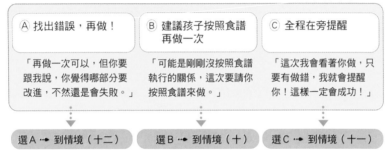

Ⓐ 找出錯誤，再做！	Ⓑ 建議孩子按照食譜再做一次	Ⓒ 全程在旁提醒
「再做一次可以，但你要跟我說，你覺得哪部分要改進，不然還是會失敗。」	「可能是剛剛沒按照食譜執行的關係，這次要請你按照食譜來做。」	「這次我會看著你做，只要有做錯，我就會提醒你！這樣一定會成功！」

選 A ⋯▶ 到情境（十二）　　選 B ⋯▶ 到情境（十）　　選 C ⋯▶ 到情境（十一）

情境（十）外送選擇

我要
吃
漢堡！

我想要
吃薯條！

今天沒煮晚餐，決定叫
外送，但還沒選好要吃
什麼。而孩子聽到要叫
外送後，也紛紛表示意
見。
此時你會選擇以何種方
式決定外送選擇？

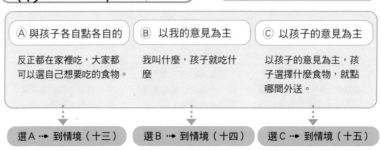

Ⓐ 與孩子各自點各自的

反正都在家裡吃，大家都
可以選自己想要吃的食物。

Ⓑ 以我的意見為主

我叫什麼，孩子就吃什
麼

Ⓒ 以孩子的意見為主

以孩子的意見為主，孩
子選擇什麼食物，就點
哪間外送。

選A ⇢ 到情境（十三）　　選B ⇢ 到情境（十四）　　選C ⇢ 到情境（十五）

情境（十一） 考試事件

孩子差一分就是全班第
一名了。正準備跟孩子
討論成績時，孩子默默
地說了一句：「王小明
是作弊才拿到第一名
的！」
聽到孩子這麼說，你也
知道孩子正因為沒有考
第一名而惱怒。想要安
慰孩子的你，會選擇用
以下哪種安慰的方式呢？

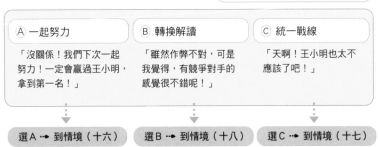

Ⓐ 一起努力

「沒關係！我們下次一起
努力！一定會贏過王小明，
拿到第一名！」

Ⓑ 轉換解讀

「雖然作弊不對，可是
我覺得，有競爭對手的
感覺很不錯呢！」

Ⓒ 統一戰線

「天啊！王小明也太不
應該了吧！」

選A ⋯▶ 到情境（十六）　　選B ⋯▶ 到情境（十八）　　選C ⋯▶ 到情境（十七）

孩子跟他的朋友在公園玩，朋友因為跌倒受傷了。孩子明明有看到卻毫無表示，在旁邊自己玩自己的。請問這時你會如何解讀孩子的行為？

Ⓐ 孩子是不是不知道該怎麼幫別人？

孩子很少遇到別人需要幫忙的時刻，我要多教教孩子這時應該要怎麼做。

Ⓑ 孩子是不是還在思考該怎麼做？

孩子是不是還在思考該怎麼辦？我再觀察幾次好了！

Ⓒ 孩子的同理心是不是還沒成熟？

看到別人受傷怎麼都毫無反應？孩子的同理心是不是還沒成熟？

選 A ⤑ 到情境（十九）　　選 B ⤑ 到情境（二十一）　　選 C ⤑ 到情境（二十）

情境（十三） 拖拉拉

都快遲到了，
你怎麼才穿一隻腳！

每次急著要出門，孩子卻總是拖拖拉拉，穿個鞋子穿超久，還要一個指令才一個動作。眼看就要遲到了，這個時候你會……

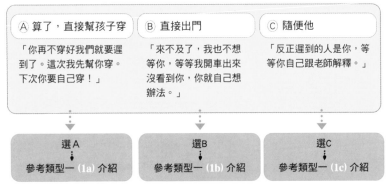

Ⓐ 算了，直接幫孩子穿

「你再不穿好我們就要遲到了。這次我先幫你穿。下次你要自己穿！」

Ⓑ 直接出門

「來不及了，我也不想等你，等等我開車出來沒看到你，你就自己想辦法。」

Ⓒ 隨便他

「反正遲到的人是你，等等你自己跟老師解釋。」

選 A
↓
參考類型一 **(1a)** 介紹

選 B
↓
參考類型一 **(1b)** 介紹

選 C
↓
參考類型一 **(1c)** 介紹

上次不買玩具給孩子，孩子只是心情悶悶不樂，這次連溝通的過程都沒有，就直接倒在地上大哭大鬧⋯⋯此時你的第一反應是⋯⋯

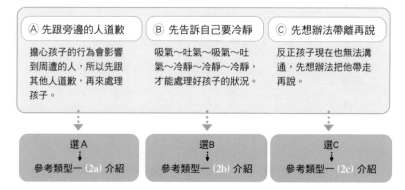

Ⓐ 先跟旁邊的人道歉

擔心孩子的行為會影響到周遭的人，所以先跟其他人道歉，再來處理孩子。

Ⓑ 先告訴自己要冷靜

吸氣～吐氣～吸氣～吐氣～冷靜～冷靜～冷靜，才能處理好孩子的狀況。

Ⓒ 先想辦法帶離再說

反正孩子現在也無法溝通，先想辦法把他帶走再說。

選A
參考類型一 (2a) 介紹

選B
參考類型一 (2b) 介紹

選C
參考類型一 (2c) 介紹

情境（十五）條件交換

平常都有讓孩子輪流做家事。今天剛好手受傷，於是請孩子幫忙洗今天的碗。孩子也趁機要求：「碗我來洗，洗完可以吃薯條嗎？」經過一番你來我往後，拗不過讓孩子吃薯條的你，哪個可能是你答應孩子的條件？

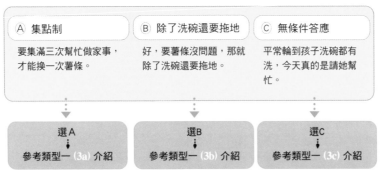

Ⓐ 集點制	Ⓑ 除了洗碗還要拖地	Ⓒ 無條件答應
要集滿三次幫忙做家事，才能換一次薯條。	好，要薯條沒問題，那就除了洗碗還要拖地。	平常輪到孩子洗碗都有洗，今天真的是請她幫忙。

選A	選B	選C
↓	↓	↓
參考類型一 **(3a)** 介紹	參考類型一 **(3b)** 介紹	參考類型一 **(3c)** 介紹

情境（十六）功課 vs 電視

原本都是寫完功課才看電視。今天在寫功課前，孩子表示有個節目很想看，並保證看完就會馬上寫功課。請問下面哪種方式比較能夠說服你，讓他先看電視呢？

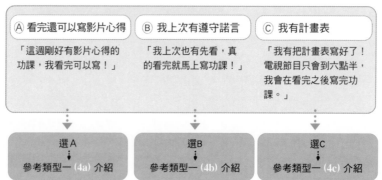

Ⓐ 看完還可以寫影片心得

「這週剛好有影片心得的功課，我看完可以寫！」

Ⓑ 我上次有遵守諾言

「我上次也有先看，真的看完就馬上寫功課！」

Ⓒ 我有計畫表

「我有把計畫表寫好了！電視節目只會到六點半，我會在看完之後寫完功課。」

選A
↓
參考類型一 (4a) 介紹

選B
↓
參考類型一 (4b) 介紹

選C
↓
參考類型一 (4c) 介紹

情境（十七）背英文單字

明天要考試，孩子今天才在背英文單字。好不容易背好一個，又忘了前一個。眼看一個小時過去了，你也愈來愈火大。此時你忍不住講了氣話……
下面哪種氣話，是你比較能夠接受的呢？

Ⓐ 發洩型氣話	Ⓑ 無奈型氣話	Ⓒ 早知道型氣話
「都幾點了！你到底要背到什麼時候！你真的是讓我很火大誒！」	「好啊！今天我們就都不要睡好了！因為有人一直沒用心啊！」	「你看！一個禮拜前就叫你背你不背！活該你背不起來！」

選A	選B	選C
參考類型一 **(5a)** 介紹	參考類型一 **(5b)** 介紹	參考類型一 **(5c)** 介紹

情境（十八）考試成績

考試前孩子保證他一定
會考90分，而他過去的
確也都沒考低過這個分
數，所以也沒太要求他。
結果這次卻考了60分。
雖然還沒看到考卷，但
你覺得哪一個比較有可
能是孩子考差的原因呢？

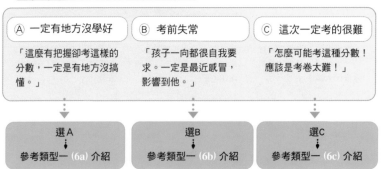

Ⓐ 一定有地方沒學好

「這麼有把握卻考這樣的
分數，一定是有地方沒搞
懂。」

Ⓑ 考前失常

「孩子一向都很自我要
求。一定是最近感冒，
影響到他。」

Ⓒ 這次一定考的很難

「怎麼可能考這種分數！
應該是考卷太難！」

選A
↓
參考類型一 (6a) 介紹

選B
↓
參考類型一 (6b) 介紹

選C
↓
參考類型一 (6c) 介紹

情境（十九）收玩具

玩具是你先拿
的！你去收！

可是最後玩
的人是你誒！

孩子們明明快要把玩具
收完了，最後卻為了一
個玩具要誰收開始吵起
來。下列列出的介入方
式，你最希望用哪種方
式來介入呢？（不管介
入方式能不能讓孩子停
止吵架，開始收玩具。）

Ⓐ 沒關係，我等你們

「不管花多少的時間討
論，我都希望你們可以
想出一個彼此都能接收
的方式解決問題。」

Ⓑ 照我的方式做

「我這邊有一個解決方
式的提議，你們用我的
建議方式試試看。」

Ⓒ 設定規則法

「今天你們會吵架，就
是沒有講好規則。你們
討論好規則，之後就按
照規則來收玩具」

選A
↓
參考類型一 (7a) 介紹

選B
↓
參考類型一 (7b) 介紹

選C
↓
參考類型一 (7c) 介紹

情境（二十）趣味競賽

孩子代表班上參加趣味競賽，卻因為疏於練習以至於沒有進入決賽。您覺得用何種方向跟孩子討論，最能鼓勵孩子學到教訓，進而改善？

Ⓐ 鼓勵孩子看到別人的努力	Ⓑ 鼓勵孩子放大自己的優勢	Ⓒ 鼓勵孩子改善不足之處
「這次沒進決賽沒關係，你可以試試看進決賽選手的練習方法，我們一起努力！」	「雖然這次沒進決賽，但班上老師也是看你從不放棄的個性，才會選你當選手！我們還有機會！」	「我們一起來想想這次可以改進什麼地方，再一起想方法修正！」
選A 參考類型一 (8a) 介紹	選B 參考類型一 (8b) 介紹	選C 參考類型一 (8c) 介紹

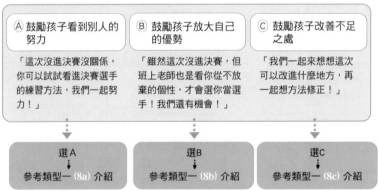

情境（二十一）電影時間

跟孩子看電影。演到男主
角偷食物給孩子吃被抓起
來，孩子看到這裡問說：
「如果真的快餓死了，去
偷東西吃，應該可以可以
被原諒吧？！」此時如果
只能針對以下其中一個面
向做討論的話，你會選擇
何種面向呢？

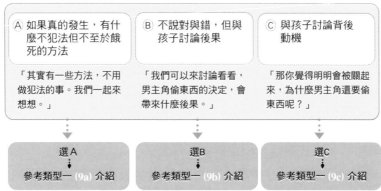

Ⓐ 如果真的發生，有什
麼不犯法但不至於餓
死的方法

「其實有一些方法，不用
做犯法的事。我們一起來
想想。」

Ⓑ 不說對與錯，但與
孩子討論後果

「我們可以來討論看看，
男主角偷東西的決定，會
帶來什麼後果。」

Ⓒ 與孩子討論背後
動機

「那你覺得明明會被關起
來，為什麼男主角還要偷
東西呢？」

選A
參考類型一 (9a) 介紹

選B
參考類型一 (9b) 介紹

選C
參考類型一 (9c) 介紹

內在需求類型分析

　　好的，相信做完情境測驗的你，一定迫不及待想要知道結果吧？不過在繼續往下看之前，我想說明一下測驗設計的原理，以及閱讀分析結果時可以注意的事項。

　　本書的情境測驗，是基於臨床實務經驗來設計，並參考了相關的人格特質研究及文獻。而我們在每一題情境題裡做出的選擇，則反應了因為人格特質的不同，傾向做出的行動與決策。並在將人格特質視為「成長背景」「先天氣質」「環境互動」等等因素互相影響的綜合結果之下，不同的人格特質的分析，即能讓我們了解，哪些「基礎的內在需求」，容易成為我們需要面對的課題。

　　不過，本書的情境測驗畢竟不是標準評估工具，無法保證分析出來的結果百分百準確，但我們也相信測驗的參考價值，除了能從分析中試著了解自己它外，最重要的幫助，是讓我們開始意識到「內在需求」這件事。

　　舉例來說，大多數人在情緒與衝突發生的時候，即使試著審視自己，但方向往往是「單一事件型」的，比如「這件事中我的對與錯」「為什麼會在事件發生當下，有如是的情緒」等等。而「內在需求」的察覺與思考，則能幫助我們往「本質原因」邁進，了解到造成生活中不同的衝突事件，或

許都來自於同一個內在需求需要照顧喔！

　　最後要提醒大家，即使做完心理測驗得到結果，不代表「一定有」內在需求需要照顧。畢竟測驗呈現的方式，只是基於人格特質做預測及分析，如果平常沒有特別在意的衝突，情緒也都能調節及掌握，那恭喜你，內在需求的滿足或許並不是你需要在意的課題！

類型 一

在情境測驗中，您的結果是

" 榜樣型家長 "

榜樣型家長特色：

自我監控得宜，表現符合社會規範

與社會價值。很少出現不符合社會

形象的行為。

綜合需求強度分析 ▶▶▶

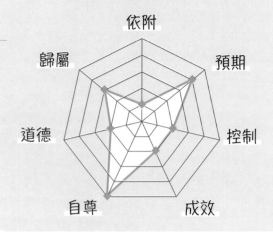

表 1──榜樣型家長分類

類型	描述	需要注意的內在需求（可能太高或被忽略）
1a	清楚自己想成為什麼樣的人，且會內化社會贊許的道德價值讓自己愈來愈好，並以自我實現為最終目標。 不過要注意，一不小心就有可能把自己與孩子逼得太緊。	自尊需求 （參考 266 頁） 道德需求 （參考 274 頁）
1b	知道成為什麼樣子的人能得到社會贊許，所以遵循社會規範，並贏得他人的尊重。 但有可能會為了遵守規則，卻忽略了孩子的感受，忘了從孩子的立場設想。	預期需求 （參考 232 頁） 依附需求 （參考 226 頁）
1c	受到主要身分與主要角色的牽引，如手足中的長子長女，或公司主管等，因長期扮演特定角色，或者因不可抗力的因素成為該角色，而維繫該標準形象。 長久下來，容易讓自己與孩子固著於角色的刻板行為，缺乏角色切換的彈性。	自尊需求 （參考 266 頁） 預期需求 （參考 232 頁）

類型 二

在情境測驗中，您的結果是

" 穩健型家長 "

穩健型家長特色：

經常模擬心中的典範模型，且喜歡
擔任領導者的角色，但遇到溝通不
順的時候，比較習慣以退為進。

綜合需求強度分析 ▶▶▶

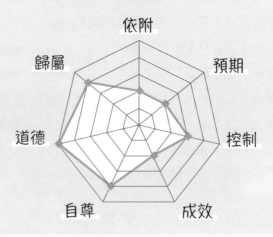

表 2——穩健型家長分類

類型	描述	需要注意的內在需求（可能太高或被忽略）
2a	習慣心中有穩定的偶像，並以此為榜樣，作為學習的對象。在見賢思齊的過程中，容易忽略了自我認同。 教養的部分，則需注意是否會忽略引導孩子對自己產生認可。	自尊需求 （參考 266 頁） 依附需求 （參考 226 頁）
2b	具備好的領導力及獨到的眼光，能知人善任，也有一些值得他人學習的傑出表現。需要注意是否出現不當的領導方式，導致於過於獨裁。 教養的部分，需注意是否會忽略傾聽孩子的意見。	自尊需求 （參考 266 頁） 控制需求 （參考 245 頁）
2c	為人首重禮節，懂得協調與暫時的退讓。能敏銳的觀察適當的時機，好讓人事物的處理更加順利。 注意是否過度拘泥於禮節，導致未能引導孩子表達真實情緒感受。	道德需求 （參考 274 頁） 成效需求 （參考 255 頁）

類型三

在情境測驗中，您的結果是

"自律型家長"

自律型家長特色：

在獨處情境中，信賴自己的直覺與

作為；群體情境中，則以收斂自我，

好讓團體能一致的運作為原則。

綜合需求強度分析 ▶▶▶

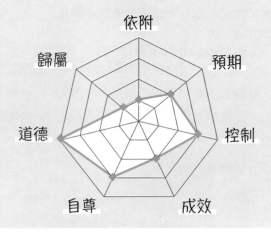

表 3——自律型家長分類

類型	描述	需要注意的內在需求（可能太高或被忽略）
3a	心中常有許多想法，雖然還沒被驗證或受到他人的肯定，一旦執行通常有很高的可行性與成功率。但容易因過度自信，而有失敗的風險。 注意是否在孩子沒有真正體驗事件之前，強加自己的經驗與規則在孩子身上，導致孩子習慣順從。	控制需求 （參考 245 頁） 道德需求 （參考 274 頁）
3b	心中常常有不錯的想法與規劃，且會以團體和諧為最高原則，因此對於團體成員的穩定性和向心力有正向的影響。但需注意是否在付諸執行時，容易因不想製造麻煩或不想打破團隊內現有的計畫而打退堂鼓。	成效需求 （參考 255 頁） 依附需求 （參考 226 頁）
3c	以「團體就是力量」為最高原則，且在力求團體和諧下，能夠適時地支援團體內成員各自所需。但是否容易過度被動接受指令，而缺乏積極性。 注意是否過度要求孩子融入團體，而忽略孩子的個人需求。	道德需求 （參考 274 頁） 依附需求 （參考 226 頁）

類型 四

在情境測驗中，您的結果是

"本我型家長"

本我型家長特色：

重視自己的想法，且希望自己的表
現得到他人的敬重。

特別適合任務分配明確且各司其職
的工作。

綜合需求強度分析 ▶▶▶

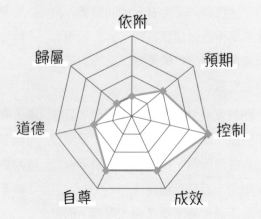

表 4──本我型家長分類

類型	描述	需要注意的內在需求（可能太高或被忽略）
4a	大多時候，處於既來之則安之的狀態。沒有被要求時，就沒有太多想法，也沒有特別想要為自己爭取什麼。日常教養的佛系傾向，可能會忽略協助孩子找到優勢特質。	道德需求（參考 274 頁）依附需求（參考 226 頁）
4b	清楚自己的強項，且自信於展現自己優勢的部分。需注意是否過於高估自己的成就，不接納別人的建議。教養上較容易忽略協助孩子調節弱勢項目帶來的挫折感。	控制需求（參考 245 頁）成效需求（參考 255 頁）
4c	常常將責任攬在自己身上，並因在意事情的成敗而汲汲營營。忙碌之餘要留意是否忽略了考量事情的輕重緩急，而造成無謂的煩惱。教養上需注意是否過於要求孩子一次到位，忽略了漸進調整的過程。	控制需求（參考 245 頁）自尊需求（參考 266 頁）

在情境測驗中，您的結果是

"權力型家長"

權力型家長分析：

會仔細的考量損失與獲益，並在爭取權力的前提下，做出對自己有利的決定。

綜合需求強度分析 ▶▶▶

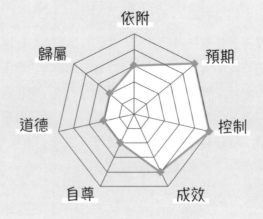

表 5——權力型家長分類

類型	描述	需要注意的內在需求（可能太高或被忽略）
5a	懂得自我保護，重視自身價值，並維持個人優勢。 教養上，注意是否過於強調注意利益，而在孩子分享不足的情況下，影響人際關係的維持。	控制需求 （參考 245 頁） 預期需求 （參考 232 頁）
5b	習慣採取配合、不麻煩他人的策略，多有為人友善的風評。 教養上，是否過度與孩子強調與人和善，反而喪失藉由衝突學習解決問題的機會。	預期需求 （參考 232 頁） 成效需求 （參考 255 頁）
5c	習慣性的依賴可循的方法，來讓自己不要犯錯。但是否因不敢嘗試，而使用相對麻煩或守舊的方法來解決問題。 因過度保守，容易喪失與孩子一起探索新環境，碰撞出新策略的機會。	成效需求 （參考 255 頁） 道德需求 （參考 274 頁）

在情境測驗中，您的結果是

"變動型家長"

變動型家長特色：

面對明確情境時，能獨立自主、將
任務完美完成。相反的，當面對不
確定的情境時，則容易拿不定主意，
想做自己卻怕承擔責任。

綜合需求強度分析 ▶▶▶

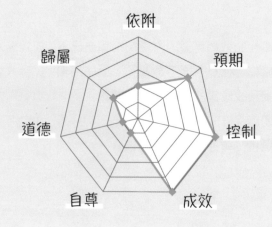

表 6——變動型家長分類

類型	描述	需要注意的內在需求（可能太高或被忽略）
6a	習慣靠自己獨立完成任務，因此會努力地彰顯個人特色，及確立個人的立場。長期下來，除了需承擔單打獨鬥的辛苦，也可能因缺乏多元的聲音，而使得成果的完整性不足。	控制需求（參考 245 頁）道德需求（參考 274 頁）
6b	行事謹慎且小心翼翼，但容易低估自己的能力，而使得意見沒有説出口或未戰先輸。教養上，是否忘了鼓勵孩子將溝通表達作為解決問題的方向。	控制需求（參考 245 頁）依附需求（參考 226 頁）
6c	懂得展現自己光鮮亮麗的一面，且善於放大自我的優點。但可能過於經營自己的表面形象，而忽略實際的作為。教養上需注意是否過度將自己認為的價值投射到孩子的表現上。	自尊需求（參考 266 頁）歸屬需求（參考 282 頁）

類型 七

在情境測驗中，您的結果是

"盡責型家長"

盡責型家長分析：

屬於實事求是、擁有高度敏感且重視

細節的人。

當證據不足或收集的資訊不夠時，

會傾向按兵不動。

綜合需求強度分析 ▶▶▶

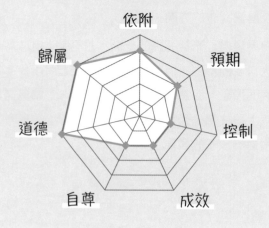

表 7——盡責型家長分類

類型	描述	需要注意的內在需求（可能太高或被忽略）
7a	屬於直覺行事的人格特質，容易察覺蛛絲馬跡。 教養上需注意是否因過於敏感與孩子常處在緊張的關係，事情卻懸而未決。	成效需求 （參考 255 頁） 自尊需求 （參考 266 頁）
7b	屬於實際型的人格特質，因此會以實用性，來當作衡量優先順序的標準。 教養上是否過於務實，而忽略與孩子一起享受欣賞生活中的浪漫與樂趣。	依附需求 （參考 226 頁） 預期需求 （參考 232 頁）
7c	具備良好耐心與觀察力，但缺少把握機會，付諸實現的機動力。 在教養上也容易與孩子一起陷入被動等待的局面。	道德需求 （參考 274 頁） 歸屬需求 （參考 282 頁）

在情境測驗中，您的結果是

"親和型家長"

親和型家長特色：

善於協調，且為人隨和。

惟較少表達自己的想法，以多數人

的意見為意見。

綜合需求強度分析 ▶▶▶

表 8——親和型家長分類

類型	描述	需要注意的內在需求（可能太高或被忽略）
8a	是大家眼中的乖乖牌、很好溝通的好搭檔，視安分守己為生活準則。 教養上是否因過度強調配合團體，而忽略提醒孩子為自己合理爭取。	歸屬需求 （參考 282 頁） 依附需求 （參考 226 頁）
8b	擁有良好的洞察能力，也是不錯的輔佐者。會嘗試表達自己的意見，卻容易因過於委婉而詞不達意。 教養上是否容易因為自己表達得過於含糊，而使得孩子不知該如何改進。	控制需求 （參考 245 頁） 自尊需求 （參考 266 頁）
8c	知道自己的不足，並因此懂得隱藏自己的缺點，而不欲與人爭。但需注意是否陷入過度自我貶低，因而在事情都沒開始時就先放棄。 教養上是否未給足回饋，以致於孩子無法覺察善用自己的優勢特質。	歸屬需求 （參考 282 頁） 控制需求 （參考 245 頁）

類型 九

在情境測驗中，您的結果是

"分析型家長"

分析型家長特色：

對於客觀的事件，以及主觀的感受，

都能滲透性的觀察，層層拆解。

惟需注意是否因分析過度，而退縮

擔憂，卻又無所為。

綜合需求強度分析 ▶▶▶

表 9──分析型家長分類

類型	描述	需要注意的內在需求（可能太高或被忽略）
9a	善於整合眾多意見，並從中邏輯性的分析利益與損失。	控制需求（參考 245 頁）
	教養上是否忽略孩子的情感需求，因而在孩子得不到同理時，衝突僵持不下。	依附需求（參考 226 頁）
9b	屬於感性取勝的人格特質，因此經常跟著情緒走，經常選擇採用自己熟悉的策略。	成效需求（參考 255 頁）依附需求
	教養上要留意，是否缺乏提醒孩子注意社會常規。	（參考 226 頁）
9c	本性單純善良，不會逞強或恣意妄為。	成效需求
	教養上是否因缺少與孩子一起嘗試錯誤的精神，導致誤以為事情超出能力範圍，因而低估孩子的能力。	（參考 255 頁）控制需求（參考 245 頁）

04

了解自我的內在需求了，然後呢？

多年前，我的好友因為受不了與孩子不斷發生衝突，而來找我諮詢。

在細聊確認他與孩子相處的狀況，以及對孩子行為的解讀後，我告訴他：「你要面對的問題不是孩子，可能是你在控制需求上的議題喔！」

結果引來好友非常大的反彈：「什麼！你是說我控制欲太強嗎？我對孩子的很多行為都超級放水耶！你以為我想管嗎？」

讓好友發洩一頓後，我緩緩地告訴他：「我能理解你聽到控制需求會有情緒，因為大家都會說，不要控制小孩，控制是不對的。但我想跟你說想要控制，非常、非常、非常正常！身為人，一定都需要某種程度的控制感。」

好友聽了愣了一下，好像從來沒聽過有人對他說過，滿足自己的控制需求，是很正常的一件事。

不過，這也是我們知道要面對的內在需求之後，第一件想帶大家做的事：「請告訴自己，有○○需求很正常！沒有必要捨棄或拒絕滿足這些需求。」

為什麼我們要強調這件事？——因為接納、接受，才能帶我們去面對。

上面這句話，乍聽之下好像所有人都可以接受，甚至好像是可有可無的廢話，但從小到大，在傳統的教養觀觀念中長大的我們，很少被鼓勵正視及滿足自己的需求。

「弟弟都做到了，為什麼你做不到？」被比較中貶低的，是我們的「自尊需求」。

「當哥哥的讓一下嘛！你會少一塊肉嗎？再讓弟弟哭我就修理你！」在被迫退讓的過程中，我們被教導要為「歸屬需求」犧牲自己的感受。

「這有什麼好怕的！不就是上台而已！」於是無法滿足「依附需求」以調節情緒的我們，情緒依然高張不下。

因此，即使我們平常不會接觸到「基礎心理需求」中提到的名詞，但我們或多或少就在碰撞的過程中，留下了被忽視的內在需求，也留下了需要照顧的自己。

而在試著接受自己需求的過程中，你可能也會疑惑：「咦！我們會發生衝突、會產生情緒，不就是因為這些需求嗎？那為什麼我們不練習捨棄這些需求呢？比如告訴我們自

己不去控制，就不會有失控帶來的情緒，不是嗎？」雖然這樣想貌似合乎邏輯，但大家別忘了，這些需求，不是想買新潮的包包、渴望最新的蘋果手機這麼簡單，之所以被稱為「基礎心理需求」，就是這些需求本身就像我們心靈的營養一樣，他們能帶來能量（動機），能促進我們的適應（行為調整），最重要的是，即使沒有生存危機的迫切性，但許多研究證實，需求的滿足與心理健康有著相當大的關係。

因此，我們想要帶大家練習的，不是在意識到內在需求本質後，去「降低」這些需求，更不是去「放大」自己的需要，而是在正視之後，找到平衡的方式來滿足、來照顧，還在心中沒有被照顧到的自己。

所謂的平衡地滿足方式，即是在不發生衝突，也不會讓自己產生無法平復的情緒下，照顧自己的需求。

「察覺後接受」（不是放下喔），是第一章我們想帶大家做的事情，大家也可以在生活中，發生衝突的時候、情緒高張不下的時刻、或任何與孩子互動的過程中所感受到的沮喪與焦慮的事件中，試著把內在需求的議題帶入。

「是不是，○○需求，是造成這些衝突的原因之一，也是我需要解決的一環呢？」

而在拋出問題的同時，不用急著去解決內在需求，可以先試著回到每次的衝突事件上，讓自己的情緒得以調節，最

後再回到照顧內在需求上即可。

就讓我們一步一步，正視情緒要告訴我們的事情，以及
試著察覺有需要照顧自己！

學習照顧自己的內在需求

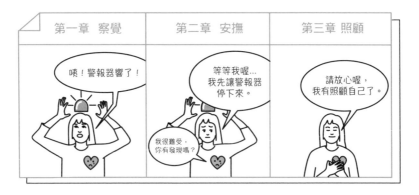

Part 2

··

調節情緒警報器，
安撫內在需求

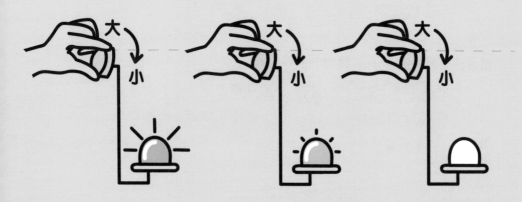

01 家長與孩子的戰爭

　　曾經有段時間，每到禮拜三晚上，我就會開始不斷地深呼吸、吐氣、深呼吸、吐氣，頭皮發麻地坐在辦公室裡。不是要來上課的孩子有多難帶，而是家長。

　　「老師，今天更可怕，我都不敢在櫃檯了，家長從進電梯就開始罵，一路罵到休息室……」櫃檯的同事心有餘悸地說著。

「好⋯⋯我出去接孩子⋯⋯」硬著頭皮走出辦公室，果然外頭籠罩著一片低氣壓，配著我心臟鼓鼓地跳動聲，頗有要上戰場之感。

　　先是低著頭走了出去，快速地看了家長一眼，點了點頭，趁著家長還沒說話，我三步併作兩步地把孩子帶進教室裡（別問我需不需要這麼誇張⋯⋯）。

　　「你可以跟我說，爸爸剛剛說了些什麼嗎？」進了教室後我問孩子，沒有回答、沒有表情，孩子低頭不語，佇立在教室門口。

　　「今天要玩探險王的遊戲喔！」直到我開始說明今天的治療課程時，孩子才算活了過來。

　　「耶！終於！」孩子說出口的終於，頗有逃離名為大人牢籠的如釋重負。

　　探險王的遊戲結束後，我跟孩子確認接下來要做的事：「我現在要去跟爸爸聊聊了，有沒有什麼需要我幫你跟爸爸說呢？」孩子搖搖頭。

　　「我知道你不想講，怕講出來會被爸爸知道。但你放心，只要你跟我說，有哪些話不想讓爸爸知道，我保證不會說出去。」聽著我加重的保證，孩子原本攢著的手開始放鬆許多。

　　「我只是想知道發生什麼事，知道發生了什麼事，我就

能想辦法跟爸爸溝通，讓他不會這麼生氣。你也不想回家爸爸繼續生氣，對吧？」

孩子點點頭後，開始慢慢地說著事情的前因後果。

原來這次的事件，起因是因為一張考卷。據孩子說，他已經在學校寫了一整天考卷寫到很煩了，結果回家爸爸還叫他再寫一張。原本不想寫，但爸爸跟他談好條件，只要寫完就可以放鬆看一下電視。所以他拚命寫，好不容易努力寫完，爸爸卻臨門一腳，說要把考卷訂正完才能看！

於是，一個說：「不是寫完就能看嗎？」另一個說：「訂正完才是寫完！」就這樣劍拔弩張地僵持著，爸爸還放話說今天回去一定要完成訂正，不然就不用睡！

解決問題前，要先解決情緒

聽完孩子的描述，我在心裡頭默默想著原來如此，想起上禮拜的親子衝突是因為考試考不好。上上禮拜爸爸臉臭是因為孩子國字怎樣都記不起來。我回想最近幾次的衝突事件，也思考著如何跟孩子的爸爸溝通。

「老師，他有沒有跟你說今天為什麼被我罵！」我一進會談室爸爸馬上開砲。

「有喔！不過今天發生的事，爸爸您會生氣，是因為他

上禮拜考不好嗎？」我問。

沒料到我會把兩件事擺在一起聊，爸爸倒是一時語塞。

「對……對啊！也不想想上禮拜考什麼分數，沒叫他寫十張考卷就很好了。而且考卷都寫完了，訂正一下有差嗎！」

「他還跟我說，我說話都不算話！什麼叫做說話不算話，我上班累得要死，回家還要陪他寫考卷、陪他訂正，我是為了他好耶。整天只想看電視，考試如果分數考好一點，將來有成就的也是他，又不是我……」原本想說孩子的爸爸已經沉澱了一堂課，沒想到爸爸依然火爆。

「我先自首，我小時候也都只想看電視……」我岔了一下題，打個圓場。

知道我在暗示他，孩子的爸爸倒是和緩了些，沒再繼續發難。

「老師，為什麼我最近講什麼，他都不聽呢？連訂正一下也不行！」

「爸爸您辛苦了！願意陪孩子一起訂正真的不容易！而且訂正相當重要呢！」雖然這樣說的目的是安撫孩子的爸爸，但我的確覺得修正錯誤的環節很重要。

「不過講到不聽話，您有覺得，最近與孩子的衝突次數就愈來愈多，兩個人的情緒也一次比一次大嗎？」

孩子的爸爸想了想，點了點頭。

「您會感覺他最近比較不聽話，其實是因為孩子和您的情緒都仍高張不下。上一次沒處理完的情緒，又疊加進下一次的事件中。當這樣的狀態不斷地累加循環，就容易卡在情緒裡頭出不去，當然也聽不進對方的話了……」

講到聽不進對方的話，爸爸的頭倒是狂點起來。

「所以說，可能要讓彼此的情緒先緩和下來，再調整會比較好喔！不然彼此都還在情緒裡頭，更不用說要溝通了。」

「情緒緩和……那要怎麼做呢？」孩子的爸爸很認真地疑惑著發問。

02 打破情緒循環的三步驟

　　在處理親子衝突或面對內在需求的議題時，先調節自己情緒，除了能讓事件不會再繼續擴大之外，也能夠在情緒相對緩和後，不至於讓情緒反應疊加或延續到下一個事件當中。而試著緩解情緒的過程，就如同調節「情緒警報器」一樣，讓自己先回到沒有警鈴大作的安全港灣裡，試著告訴內在需求：「有喔！我有聽到你的呼救聲。」

　　看到這邊，你可能會想說：「你說的，我。們。都。知。道！但有時候情緒一上來就失控了。不知道為什麼，就是心理面有個坎，怎麼也過不去！」

　　就像故事中的爸爸，後來也有跟我分享，他知道在雙方都有情緒的情況下，繼續堅持只會兩敗俱傷，但他就是放不下。聽他說的時候，我彷彿聽到他的內心在大喊：「寧可玉石俱焚，不為瓦全！」

當內在需求和孩子產生衝突

討論到這裡，相信大家一定也愈來愈有自覺，其實在處理孩子的議題時，愈是僵持不下的情況，就愈有可能是我們「心中的內在需求」與「孩子」正在彼此拉扯，一邊是我們渴望著滿足的內在需求，一邊是尚待引導的孩子。而當兩邊都還沒學會如何自我照顧時，當然衝突就有可能一發不可收拾。

但重點來了，如同故事中的爸爸聽到「情緒緩和」就十分茫然一樣，面對抽象的情緒，我們又該如何想像，甚至要調節它們呢？情緒緩和？捏自己大腿？背「我是好爸爸（好媽媽）」心經？或催眠自己「我沒有生氣、我沒有生氣」？

知道情緒的關卡是多數父母的困擾，也有鑑於情緒的抽

表 10　打破情緒循三步驟

步驟	目的
（一）設定事件終止線	讓孩子與我們自己知道，「這次」事情已經結束了
（二）趨緩情緒反應	緩解衝突事件所引發的情緒反應（包含生理及心理反應）
（三）打破情緒循環	讓自己在面對下次類似事件時，有所準備

象本質，因此在本章中，我們即將情緒緩和的過程，整理成「具體」的三個步驟。分別為「設定事件的終止線」→「趨緩情緒反應」→「打破情緒的循環」。

這三個步驟除了是安撫「情緒警報器」的過程，也有不同目的及練習效益，讓我們有機會一步一步解決親子衝突所引發的情緒。

這些步驟雖然可以視為一連串的流程，但大家可以一次先練習一個就好，比如先熟悉如何設定事件終止線，並以設定終止線的方式處理過幾次衝突事件後，再進行下一步「趨緩情緒反應」。或者，你想要全部三個步驟都先試過一輪，都是可行的！

另外，提到「衝突」「情緒」，大家容易聯想到的多

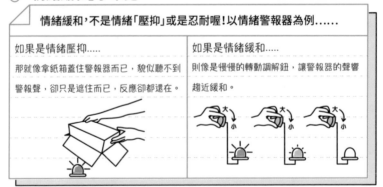

◉「情緒緩和」小筆記

情緒緩和，不是情緒「壓抑」或是忍耐喔！以情緒警報器為例……

如果是情緒壓抑……

那就像拿紙箱蓋住警報器而已，貌似聽不到警報聲，卻只是遮住而已，反應卻都還在。

如果是情緒緩和……

則像是慢慢的轉動調解鈕，讓警報器的聲響趨近緩和。

是「大發雷霆」的狀態，但基於內在需求的不同或面對不一樣的親子事件，也有可能表現出來的情緒是「焦慮」「無力感」「憂鬱」「失望」「煩躁、「迴避」等等。只要察覺到了這些情緒揮之不去，或衝突正在擴大時，都是可以朝著緩和情緒的步驟先試試看喔！

Step1 停 〉〉〉 設定事件的終止線

講到設定事件的終止線，我就會想起一次難忘（實則有點痛苦）的經驗。

某次課程中，孩子跟我說爸爸正在生他的氣，已經一個禮拜沒跟他說話了。一聽大事不妙，我立刻跟他討論事情的經過，以及如何跟爸爸溝通。在了解的確是孩子做錯事後，我建議的策略是陪孩子一起跟爸爸道歉，並說明解決方法，希望能緩解爸爸的情緒。當然也期待孩子可以用解決方法修正問題。

一進會談室，本以為事情很快就會結束，於是我蹲在孩子旁邊，想在溝通過程中提供支持與幫助。沒想到孩子道完歉，也說明了會用什麼方式解決後，孩子的爸爸竟然開始長篇大論。

「是啊！你一開始就這樣說不就好了！所以我才會一直

跟你強調要誠實！爸爸生你的氣其實不是因為你做錯事，而是因為你不誠實……（以下省略）」

你們猜我在孩子的旁邊蹲了多久？20分鐘！我足足蹲了20分鐘！

我之所以會知道我蹲了多久，是因為我腳實在是麻到受不了，換腳蹲也再也無法忍耐，於是我看了一下手錶，假裝下一堂還有課才終止了這位爸爸的長篇大論！

痛苦的點不只是腳麻，還有碎碎念（噓），不過我這樣說，是因為孩子的爸爸真的就是把事情的A面講過一次，翻過來再講B面，然後又繞回過去的事。並在你以為要結束時，卻愈延伸愈多（我相信要不是我打斷他，他會繼續講下去），十足的無限上綱大審判。

我都這麼痛苦了，孩子呢？孩子全程都在扭著自己的

值得思考的延伸議題

當孩子做錯事時，我們希望孩子解決的是什麼呢？

是解決我們的情緒？

還是學著解決他造成的問題？

而我們一味地說教、堅持等到孩子的道歉，解決到的，

又是上面的哪個部分呢？

手，焦慮也寫在他不敢直視的眼睛裡，與我一樣欲言又止的嘴唇開了又關，即使說出口了，也是「我知道了……我知道了……」我知道在這樣狀態下，孩子——很無助。

他不知道爸爸說這些話，他該怎麼回應；他也不知道可以採取什麼行動；在這些貌似告誡，實則責罵的話語中，他甚至不知道自己到底有沒有得到原諒。

我也知道孩子的爸爸之所以會講這麼多，是因為他正用這些話「宣洩」自己的情緒。

發洩情緒後，本該帶著孩子用解決方法解決問題的重點，似乎被模糊了、孩子也處在不知道該如何面對爸爸的焦慮中，最重要的是，通常這樣的「宣洩」，由於事情通常也沒有別解決，因此只會滾出我們另一波的情緒。

◉ 在事件中，需要設定的終止線

1 大人表現出來的情緒	2 孩子要做出行為表現
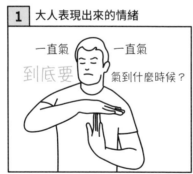	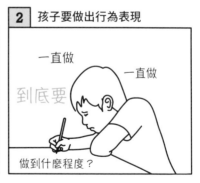

一直氣　一直氣
到底要
氣到什麼時候？

一直做　一直做
到底要
做到什麼程度？

這也是我們建議在衝突發生後，要先「設定好事件終止線」的原因。

有了事件的終止線，就如同幫我們拿捏好適可而止的範圍一般，除了告訴自己「可以了，這件事到此為止！」也能幫我們將事件視為「這次事件」，不會牽扯到之前或累加到之後的事件裡。

此外，一旦有個明確的終止點，也能讓孩子知道「爸爸媽媽已經沒有因為這件事生氣囉！你可以放心了。」

不過講起來簡單，實際上該如何做呢？以下幾點讓大家參考。

在事件中，「情緒」的終止線

● 適時且明確地表達自己的情緒

所謂的「適時」，即是「情緒出現時」「情緒結束時」這兩個時間點。

我們有觀察到，許多家長或許是礙於「生氣是不對的」「如果生氣，我就不是好爸爸（好媽媽）」的觀念，因此在情緒出現的時候就先忍住。當下以為「有忍下來」，事實上只會讓在情緒沒有緩解之下，往更爆發的方向失控。

而在「情緒出現時」就適時的表達，不僅可以讓我們在

情緒表達 (O)

我有點生氣，因為你答應我會把功課在九點寫完，但你現在還在看電視！

不是情緒表現出來，就是不好的。

事實上，情緒表達，

也不是情緒失控或情緒勒索喔！

情緒失控 (X)

你是要把我氣死嗎？！字寫成這樣是鬼畫符嗎？！

情緒勒索 (X)

你那是什麼態度！我這樣說，也是為你好！你以為我喜歡兇你嗎！

情緒還不算太強烈時，就將想法說出口，還能藉由表達來緩解情緒。如此一來，才不會氣到直衝腦門了，孩子才知道我們生氣了。

至於要如何說呢？給大家一個簡單的公式——

情緒表達＝情緒＋情緒原因

比如生氣的情緒，「我生氣了，因為我們說好玩三次就要離開，但你現在賴皮不走。」

比如焦慮的情緒，「我很擔心，因為快考試了，但你還沒開始複習。」

比如失望的情緒，「我覺得難過，因為你沒有像答應我的一樣，在我回家前把衣服摺好。」

不過，也要提醒大家，這不是要把「我」的情緒強加在孩子身上，因此要避免說成「替你感到緊張」「你都不會不好意思嗎？」這樣的說法。最後，不只情緒出現的時候要說出口，「結束」時的情緒表達，更可讓孩子知道「爸爸媽媽已經沒有情緒了」，以此作為事件的終止線，就再也合適不過了。

「我沒有在生氣了，也不會因為剛剛那件事罵你了。」

「因為你有跟我分享你的計畫，所以我不緊張了。」

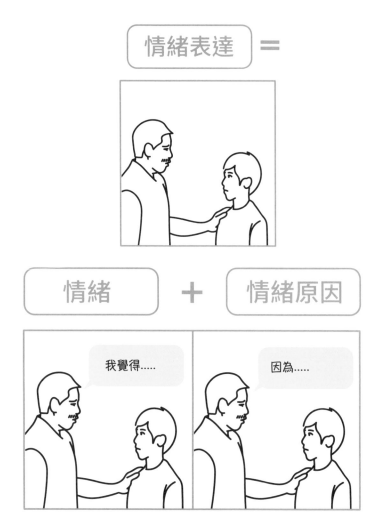

除了說出口的表達方式，也可以依自己習慣的方式來展現喔！比如有些人習慣給個擁抱，有些人喜歡摸摸頭表示親密及重建關係，或來個睡前之吻，讓孩子知道即使大人的情緒已經結束，也沒有因此不愛孩子等等。

● 平時要試著練習抓自己情緒強度

如果說第一個建議，是讓我們在明確表示情緒結束時，設下「讓孩子知道事情已經結束」的終止線，那麼第二個建議，則是試著在不同的情緒強度下，設下「不要讓自己情緒往更大爆炸程度走」的終止線。

而要做到這個部分，就要從能夠抓到的自己的「情緒強度」在什麼等級開始練習起。

拿生氣的情緒當作例子好了。我們即可在生氣時會有什麼樣的表現，將生氣其情緒強度劃分成 10 個等級：

❶【1-3 級】——出現能感覺到的生理變化。如血壓、心跳等反應，也包括表情如皺眉、咬牙等變化。

❷【4-6 級】——因應情緒出現表達自我情緒的「想法」。這時情緒「感受面」的部分開始出現，思考時會愈加偏重讓我們生氣的人事物。

❸【7-9 級】——因應情緒出現表達自我情緒的「行動」。當讓我們生氣的人事物一直沒被解決，也沒有相對應的策略緩解情緒時，即會因應情緒做出行動。

❹【10 級】——情緒反應已經大到我們沒辦法控制的程度。此時失控，由於偏離日常的情緒基準值，更會讓我們覺得自己反常、或別人會表示不像平時認識的你。

情緒強度練習表

「生氣」情緒的強度參考	我自己情緒強度的指標
1~3級：出現--> 能感覺到的生理變化 感覺到自己皺眉頭 心跳加快 體溫升高	1~3級
4~6級：因應情緒-->而出現 想表現自己情緒的「想法」 想要大吼 想反駁對方的話 注意力開始只能思考讓你生氣的事情或人	4~6級
7~9級：因應情緒-->而出現 表現自己情緒的「行動」 因肌肉持續用力，出現握拳 講出氣話(多為傷害對方的話) 破壞東西	7~9級
10級 無法控制自己	10級

上表留下「我自己的情緒強度指標」的空白處，就是希望不只是生氣，如憂鬱、焦慮等情緒都可以參考上表等級強度的方式，替最需要處理的情緒狀態，寫下不同的強度等級下會出現的表現。

　　在詳細列出來後，就能藉由要察覺什麼「指標」的出現，明確的知道自己的情緒在什麼等級。並用相對應的方法緩解情緒，以免往強度更大的方向走，以此作為情緒擴張的終止線。

表 11 　情緒強度等級因應

情緒強 度等級	此時的因應策略
1 到 3 級	因應策略→察覺到自己的生理變化。 事實上，如果沒有經過特別的提醒及訓練，多數人是無法在情緒剛開始出現時就發現。 如果要在情緒剛開始出現時，就有「意識」的面對，就要練習回到自己身上，察覺生理上的變化。
4 到 6 級	因應策略→將情緒說出口。 此部分對應「適時，且明確地表達自己的感受及原因」。
7 到 9 級	因應策略→不只要說出口，還要主動做出「至少一個緩解情緒的方式」 緩解策略方向如下： ① 轉移注意力類型：先暫停繼續引發情緒的事件，著手其他事情。 ② 調節生理反應類型：提醒自己與孩子一起深呼吸數次（或參考儀式行為 128 頁） ③ 增加心理資源類型：（參考第三章 168 頁）
10 級	因應策略→請別人接續處理，自己先離開現場

在事件中，「行為」的終止線

好的，討論完用「情緒表達」讓孩子了解大人的想法，以及用「情緒強度」作為衝突擴大前的終止線。接著來進入事件中與「行為」相關的終止線——出現什麼行為或做到什麼程度，事情就結束了！

會有此建議，就是因為我們與孩子，時常因彼此的認知不同，或對事情的共識不一樣而卡住，並因此引發衝突或導致僵持不下。而行為終止線設置的目的，就在於讓彼此有個共識：「只要事情能夠做到這一步，那這件事就結束了！」

而要做到這點，在溝通或設定終止線時，有一個明確的前提，就是一定要將終止線設定成「明確且孩子能力可及的行為」，成功的機會也會比較高！

如 116 頁圖所示，在模糊與明確說法的對比下，愈明確孩子就愈好理解，完成行動的機會也就愈高。此外，在行為「看得到」也相對較能掌控之下，就更能加重「事情真的告一段落」的感覺。

不過，有鑒於終止線設置後，衝突可能發生事件前或事件後，因此接下的討論，將分成事件前，以及事件後兩個部分。

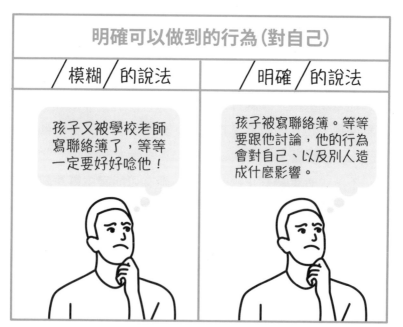

●事件「前」——將事件終止線設定成「規則」

比起發生衝突，才來設定終止線，當然事情發生前就先跟孩子溝通好可能更有效率。此時，我們討論的「終止線」，就是所謂的「設定規則」。

以寫生字的情境為例，在寫功課前可以跟孩子談好：「今天檢查生字時，我會檢查字有沒有超出框框、有沒沒擦乾淨的字跡，以及錯別字。如果都沒有，功課就完成了！」

此時，「寫生字事件」的行為終止點就很清楚了，就是——「沒超出框框」「要擦乾淨」「沒有錯字」。

●事件「後」——利用「協商」完成事件的終止線

大家一定有經驗，明明事前有說好，但是孩子就是做不到。彼此情緒開始愈滾愈大，要不相持不下，要不就兩敗俱傷！

而這樣的狀況出現時，可以思考之前設定的終止線，是不是「不夠清楚」。如果是，就要將終止線往更明確的方向訂定。但，如果終止線非常明確，但孩子還是無法做到呢？

這時可以利用「協商」的方式，讓事件得以結束。

協商的小技巧

第一步：各自說出想法，確認彼此立場

所謂的「協商」，目的就不是「說服」或「強迫」，而是找到彼此都可以接受的方式達成共識。基於這點，一開始有沒有確認彼此的立場就很重要喔！尤其有時候我們猜孩子的想法是 A，但其實他心裡想的是 B！

會希望你這樣做，是因為…

我想跟媽媽說的是…

第二步：利用溝通的句型，將彼此的立場往平衡的方向靠攏

確認完立場之後，我們與孩子的立場，常常是在事件的兩端。而我們在第二步驟要做的事情，就是找到這兩端中間的平衡點。至於要如何往平衡點靠攏呢？建議大家可以試著用溝通的句型來達成這件事：溝通句型＝想法＋解決方法。

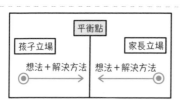

範例：

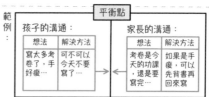

第三步：找出平衡點

大家對協商常會有的疑惑，是「這樣不會讓孩子每次都在踩我們的底線嗎？！」。

事實上，我們的協商，並不是叫大家打破與孩子訂下的規則，而是在不違反規則的前提下，提供多一點彈性及方法給孩子。所以既不是遷就孩子，還能讓孩子完成活動任務喔！

首先，在協商的一開始，一樣可以藉由講出情緒來確認立場：「我剛剛會生氣，是因為○○○」。由於造成情緒的原因已經講出來了，要溝通的部分，就只差在怎麼找出「彼此都能接受的行為」來解決這個原因，以及作為事件的終止線。

　　拿最前面故事中提到考卷不想訂正的孩子為例，後來爸爸與孩子溝通好的行為，就是回家後，先讓孩子看五分鐘的電視，而孩子也答應看完後，會訂正考卷完再去睡覺。

　　此時的溝通，由於有協商出「彼此都能接受的行為」，因此事件才得以落幕。衝突也能在終止線完成之下，為親子的衝突畫下句點。

　　我知道大家不太習慣熟悉用協商的方式，也在於可能卡在「只要讓孩子有溝通的餘地，他就會開始予取予求，不斷踩大人的底線，我就會被他吃得死死」的想法上。

　　但，真的會這樣嗎？其實不會的。

　　因為，協商並不是要改變規則，只是找到「彼此都能接受的方式，讓規則能夠達成」。如此，規則既夠遵守，事情也能夠完成，這才是最重要的，不是嗎？

　　最後，即使已經為事件畫下終止線了，也有許多家長會說：「老師，這樣我很不甘心耶，好像輸給孩子一樣。」因為好像讓孩子有討價還價的空間。

有些家長會反應：「老師，剛剛兇他，我覺得好自責，小孩會不會有陰影啊？」

　　也有些家長反應：「即使事情結束了，我一想到還是氣氣氣氣氣啊！」

　　事實上，這些情緒與感受的出現，都很正常喔！畢竟我們才剛經歷一場風暴，我們處理的，也只是先讓事件得以結束而已，情緒也還沒安撫完成。

　　因此，在設定以及達到事件的終止線之後，我們就可以進入 Step2〉〉〉趨緩情緒反應。

Step2 緩 〉〉〉 趨緩情緒反應

　　不知道大家有沒有這樣的經驗，在與其他人發生衝突後，即使事件已經結束了，仍會在一定的時間內，反覆回想起這次不愉快的事件，且一想起來還是心臟狂跳、切齒咬牙？

　　沒錯！衝突對我們的影響，並不是事件結束衝擊也跟著結束，事實上，仍會有許多衝擊所帶來的餘波，需要我們更進一步的處理及緩解。

　　而此時的餘波，廣義而言，都可以視為事件所帶來的情緒反應。舉凡──

- 對事件的「感受」──比如，因為孩子重複出錯感到煩躁，因為孩子學不會而感到不耐煩、因為孩子的態度而感到心痛等等。
- 對事件在不同情緒下的「行動」──比如，生氣的時候會想要罵人，焦慮的時候出現的坐不住等等。
- 因為情緒而出現的「生理反應」──比如，生氣

時心跳加快、呼吸急促、緊張時冒冷汗等等。

● 負面且不容易跳脫的「解讀或想法」——比如，「我生氣了，怎麼會因為一件小事就生氣，我真的不是一位好爸爸媽媽！」「天啊，小孩也讓我太丟臉了吧！大家都在看我們，我再也不要帶孩子去逛街了！」等等。

其中，尤以事件所帶來的「生理反應」以及「負面思考」這兩個情緒反應狀態，最容易造成困擾，卻不一定能在事件被畫上句點後就自動停止。因此，仍須採取一些動作來趨緩、調節這些反應，以免事件停止了，情緒反應仍然存在，甚至疊加到下一次事件中喔！

至於如何趨緩情緒反應呢？生理反應的部分，請參考以下的「儀式行為」，負面的解讀與想法，請參考「反芻思考」的討論。

用儀式行為，幫身體跟大腦重新開機

接續前述，當我們有情緒的時候，不只「心理狀態」會有所改變，不同「生理狀態（身體反應）的出現」，也是情緒的反應之一！

而這些，如「心跳加快」「血壓升高」「呼吸變急促」等等因情緒而產生變化的生理反應，雖然我們無法控制這些反應的出現與否或出現時的強度，但當這些反應被事件所引發後，我們是可以「調節」它們的！

「調節？」聽起來很難，我們做得到嗎？別擔心，一定做得到，或許在有意無意間，你可能已經試過了。想想要冷靜的時候，我們會做什麼事？沒錯！就是深呼吸！

藉由呼吸深且逐漸趨緩的過程，能夠讓呼吸系統和心跳系統，回復到未被引發前的狀態。

經過研究證實，由於大腦的呼吸中樞會與壓力調節中樞（藍斑核）有所連結，因此在經過「深」且「緩慢」，控制下的呼吸後，甚至能達到減緩壓力反應的效果。也就是我們常說的回復冷靜。而這也是為何瑜伽、冥想等活動，對於情緒穩定有相當幫助的原因之一。

不過，由於現代人步調快速，我們也不太可能每次一有衝突就能做瑜伽。因此在無法花太多時間，又想將深呼吸的「調節功能」發揮最大效益之下，可以試試「將深呼吸建立成儀式行為」。並在每次察覺到自己的情緒反應高居不下時，利用儀式行為作為趨緩情緒反應的工具。

儀式行為小筆記

何謂儀式行為？

在不同的領域裡，總能見到許多人在「做大事」之前，會有自己一套，「把自己準備好」的固定方式。比如有些運動選手，會在比賽上場前做著固定、自己設計的暖身動作；或者有些音樂演奏家會在表演前，用固定的順序調整坐椅、譜、樂器等等，並將這些物品擺放到自己喜歡的方位。

而如果詢問他們為何這麼做，有可會：

得到以下的答案

「我覺得這樣做會帶來幸運！」

「習慣了！而且做完會很安心。」等等。

而這些具目的性、一連串，且高重複高的動作組合，都可以統稱「儀式行為。」

儀式行為可以幫助我們什麼？

事實上，儀式行為可不只是「會帶來幸運」的自我安慰說法而已。

經過許多研究證實，儀式行為在執行時，會幫助注意力重新分配、且能調節情緒反應，因此可以幫助我們減緩面對壓力時的焦慮、提升在任務中的表現喔！

● 什麼是儀式行為？

首先，先澄清一下，雖然說是「儀式行為」，但與宗教沒有任何關係，指的是「一連串固定，並帶有目的性且步驟重複高的動作組合。」

你可能會好奇「深呼吸就深呼吸，為何還要建立成儀式行為呢？」

其實，深呼吸 —— 鼻子吸氣數到 5，嘴巴吐氣數到 5，重複 12 到 15 次循環，就有調整生理狀態、降低壓力的功效了。但由於深呼吸的執行，本質上就需要「重複」，因此非常適合融入儀式行為當中喔！如此，既不會花太多的時間，甚至能達到 1 加 1 大於 2 的效果。

此外，儀式行為的重點在於，執行一連串動作組合時，過程中我們會將注意力導向到監控這些動作有沒有做對，做了幾次、做完了沒有等等。這樣的過程等於將大腦中的注意力重新洗牌一次，達到重整思緒的功效。並在儀式行為配合深呼吸之下，如同將身體反應與大腦的注意力，都在過程中被「重新開機」！

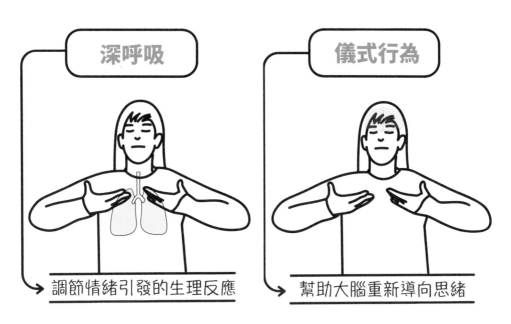

深呼吸 → 調節情緒引發的生理反應

儀式行為 → 幫助大腦重新導向思緒

深呼吸＋儀式行為 → 身體與大腦重新開機

New Start

● 試著建立自己的儀式行為

如果大家想試試看，可以試著參考下列的要點，來建立屬於自己的「情緒緩和儀式行為」喔！

① 執行儀式行為的時間點：每次發生情緒衝突，且已經執行完事件的終止線後。或可以自己訂一個，每天固定執行儀式行為的時間點，如睡前做一次等等。

② 設定儀式行為的「目的」：每次在執行前，在心裡面說：「我做儀式行為，是希望能幫助我情緒緩和。或者是你自己設定或喜歡的目的，比如：緩和情緒反應／想要幫我自己重新開機等等。

③ 動作組合：只要基於「順序要固定」「動作需重複」「每次都需要做一樣的動作」這幾點原則，不管納入什麼動作都可以喔！但建議在步驟中納入深呼吸。

最後，如果還是不知道怎麼執行，大家可以參考下圖的儀式行為並試著做做看。

也提醒大家，儀式行為並不是唯一能調節情緒反應的方式，前面提到的，做瑜伽、冥想、甚至只是深呼吸等等，都是非常值得被鼓勵去試試看的方法。

重點還是在——找到執行起來最舒服、最能持續執行，能夠幫助調節情緒的方法！

默想

01 在心裡面想或者講出來
「我想要減緩我的情緒反應，而我
現在要做的動作，能幫助我調節
情緒。」

張手‧握拳

02 默唸完後，接著，一邊緩緩地吸氣、一邊將手指
打開。待手指全數張開後，再慢慢地吐氣將手握起來。
重複上述動作三次。

左搥‧右搥

03 接著，頭往右轉，先搥左肩三次。
再將頭轉向左側，搥右肩三次。

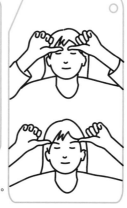

04 **眉間‧眉尾**
第四步驟，則是將兩手
大拇指按在眉間的位置，
緩緩地往眉尾的方向移
氣直到眉角。

除了吸氣之外，也可以
在移動的過程對眉毛的
肌肉稍微施壓。

到眉角後，將手放下再
從眉間開始，重複上述
流程三次。

05 唇下‧嘴角

第五步驟與第四步驟類似，只是是從唇下出發，一
樣吸氣並稍微用力，將嘴巴稍微向上提起直到嘴角。重複
上次步驟三次。

06 斜角45度

接著，將兩手的大拇指頂
著下巴，頭向上撐起45度，數到
15。

07 圓滿

最後一個步驟，請大家
彎腰，雙手交叉於膝蓋
處，並於此同時大吸一
口氣。

接著，用緩慢吐氣、身
體一邊挺直的方式，在
空中畫一個大圓直到手
往兩側與頭部相對45度
傾斜。過程中，如果氣
還沒完全吐完，可以維
持姿勢直到沒氣為止。
重複上述步驟3次。
圓滿結束。

面對反芻思考

　　除了情緒所帶來的生理反應之外，在歷經負面事件或情緒後，我們也有可能會出現「不斷地重複回想「事件發生的片段」「事件發生的後果」「自己的情緒」等等的狀況，而將自己一次又一次地推回負面事件當中的行為。如同有些動物會將已經吞進去的食物，再倒流回口腔再次咀嚼一樣，心理學家即以「反芻」，來命名如是的狀態。像是：

- 「天啊！我到底為什麼會生氣，這麼小的事情也要生氣，我是不是不配當爸爸媽媽？」
- 「孩子怎麼會說這種話，這樣對大人說話真是氣死我了！」
- 「小孩在街上大叫好丟臉，我再也不要帶他去逛街了！」
- 「每天講每天說都沒改。我的孩子沒救了，我真的不知道該怎麼教他！」

「反芻」的思考模式之所以會引起我們的關注，是因為當我們陷在這種狀態時，往往會過於聚焦在「過去已經發生的事件」或「過度負面的思考」。此時由於事情已經發生、無法改變，愈反芻反而會愈沮喪及焦慮，而實際發生的問題也並未被解決。

　　因此，如果在衝突發生後，發現自己不斷地回想起剛剛衝突的過程，或在思考中，不斷地在反芻同樣的內容時，或許可以試試看以下的方法，幫助我們走出反芻的胡同，並從負面思考中解放出來喔！

● 先試試儀式行為

如果你還沒做深呼吸或其他情緒緩和的儀式行為，可先試著做做看，以利重新開機。此外，試著找一件轉移自己注意力的事情來做，也是相當有用的方法喔！以我為例，如果發現自己陷入反芻思考，我會試著做家事轉移自己的注意力。

● 察覺自己正在反芻

這個提醒雖然看起來很簡單，但實際上在執行時，往往因為我們正把注意力放在回想負面事件中，所以「沒想到」要打破反芻思考。或者，也有一些情況，是事情發生了，但因為沒有與其他人產生衝突，或在忍耐，所以我並不覺得需要處理，但實際上還是有干擾到我們。

因此，只要發現自己正在「重複回想事件」「一直想著自己的情緒」，就可以提醒自己正在反芻思考的時候了！或許你會覺得這樣太籠統，此時可以把握一個原則——只要發現自己做事時，會被負面思考干擾或打斷，就是打破反芻思考的時機了。

● 試著察覺自己是否設定「不能有情緒」的框架

許多人面對情緒的方法，仍然是用「我不能生氣！生氣是不對的。」「這有什麼好緊張的，我不要緊張！」，來幫助自己渡過情緒的關卡。但事實上，這些「忍耐」「退一步海闊天空」「事情過去就沒事了」的思考方式，不僅讓我們用「框架」綁架自己，甚至是使我們無力面對情緒的元兇！

更進一步地說，當我們拿「不能有情緒」來綁架自己時，就如同設定了「不應該」的框架。此時，當情緒都很穩定，都在框框裡面都沒事，一旦不小心跨出框框外，此時出現的「不應該」，會讓我們感到焦慮，甚至因為沒控制好自己而感到失控。但，都沒情緒，有可能嗎？

當然不可能啊！情緒，本來就是無意識的反應，也不是說控制，就能控制要不要出現。甚至如果一個人都沒有情緒，那才是我們會擔心的事情！

因此，當我們愈對自己說「不能有情緒」，其實就是把自己往面對情緒的反方向拉，使你反芻著「為什麼我會有情緒」。

所以說，該如何看待情緒呢？「有情緒很正常。有情緒反應也是很自然的事情。如果我不想情緒影響到自己，我會找到方式來調節我的情緒。」

──設定框架小辭典──

提到情緒框架，有些人可能會誤會是不是「都」不能設定「不應該如何……」，其實不是的。

之所以建議不要用「不該有情緒」這個想法來綁架自己，是因為情緒的發生是無意識的，也是無法控制的。另一方面，如果「不應該如何……」的框架設定，是以可以「試著控制」的事情或行為作為出發點，反而可以當作輔助我們的「規則」、或作為行動的「準則」喔！

比如我們思考或告誡自己的是：「生氣時，我不能出現動手、摔東西等會做出傷害別人的舉動」，由於動手或摔東西等動作是可以試著控制的行為，所以當作框架來設定，就是合適且有對我們的控制有幫助的喔！

● 想想反芻的事件中，有沒有下一次一定能做到的事

「你就不要這樣想啊！」

「孩子也不是故意的，你就不要生氣了，放過自己吧！」

「你這樣想，事情也不會改變啊！你氣成這樣，結果還不是一樣！」

當我們陷入反芻思考而痛苦不已，因而想找人聊聊時，是否有收過這些回應呢？而當我們被如此安慰時，反芻思考會因此停止嗎？我想結果應該不會如此順利。

當然不是說這些回應不好或毫無幫助，但可以想見的是，反芻思考並不是說要停止，就有辦法馬上停止的。

而在「事件→負面情緒→回想負面事件→持續增強負面情緒」的循環當中，由於我們的注意力，已經完全「黏在」負面事件中了，因此要去注意其他的事情，或在做其他的事情時不要被反芻思考趁虛而入，都是相對困難的事情。

不過，也因為要我們馬上將注意力完全轉移相當的困難，因此，如果想要停止反芻的話，倒不是「完全不去想」負面事件，而是試著從負面事件中，找出可以利用、不會再度引發負面情緒的點，也就是「在反芻事件中，找到我確定，下一次一定能做到的事！」

由於是確定能做到的事，因此即使回想，引發的就不

完全是負面情緒，也能再一次次的削弱中，反芻事件得以停止。

　　不過，即使是確定能做到的事情，也會建議是對解決事件有所幫助的行動喔！也知道大家對於這個部分比較不熟悉，因此列出一些確定能做到事情的指引，在思考如何打破反芻時，可以參考看看。

表 11　確定能做到的行為指引

下一次再遇到類似的事件，我確定我能做到……	
行動	行動目的
1. 我確定下次會明確地講出自己的情緒	明確表達情緒，可以當作情緒緩解的策略
2. 我確定下次會把孩子的情緒，以及情緒原因說出來	把孩子情緒講出來的舉動，能當作同理的方法，也能緩解孩子的情緒。
3. 我確定下次情緒反應的等級超過 6 級時，我會使用至少一種情緒緩解的策略	使用情緒緩和的策略，才能防止情緒往強度更強的方向走
4. 我確定下次會先詢問孩子的想法	詢問清楚，比較能確認彼此的立場。而不是用自己的解讀來猜測孩子的行為。
5. 我確定下次會讓孩子把話講完	當我們讓孩子把話說完時，而不是一直反駁時，能讓孩子知道我們是關注並關心他們的。

下一次再遇到類似的事件，我確定我能做到……	
6. 我確定下次我會先與孩子討論規則	先討論好規則，就能事先將彼此準備在彼此都能夠接受的範圍中。
7. 我確定下次會用協商的方式，讓事件有彼此都能接受的終止線	事件結束在停止線上，能讓我知道事情已經結束了。
8. 我確定下次在衝突後，我可以做一次儀式行為	深呼吸及儀式行為所帶來的情緒緩解，能讓情緒不至於疊加到其他事情上。
9. 我確定下次有情緒時，我對自己說的話不會是「不能有情緒」，而是「我可以調節情緒」	與自己的對話，會影響我們如何面對衝突

Step3 破 〉〉〉 打破情緒的循環

　　好的，在看完且試過前兩個步驟後，相信大家對於衝突事件發生時，如何調節自己的情緒應該有所認識了。但也帶出許多家長的疑惑：「老師，用了這些方法後，我因為衝突所引發的情緒的確有下降了。但也僅限於這次的事件啊！在下次發生事情的時候，我一樣會有情緒，一樣和孩子發生衝，怎麼辦呢？」

　　當然，有這樣的感覺及疑惑很正常，而如果你正在處在這樣的狀態中，也不要灰心。畢竟，前面的介紹只是針對「當次」的事件。

　　要如何對「下次」的事件做準備，不要每次類似的事件一發生，就不自覺地發作呢？要回答這個問題，就從「情緒反應的歷程」開始討論吧。

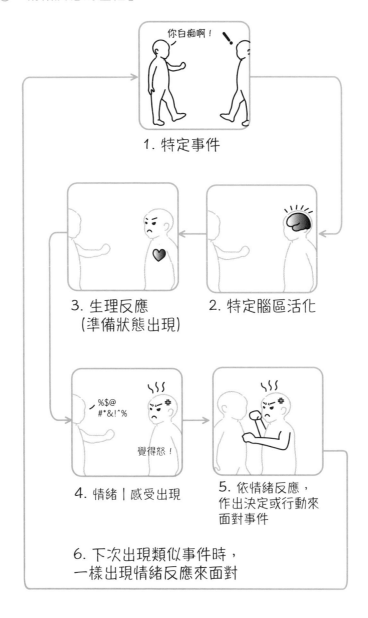

1. 特定事件

3. 生理反應
（準備狀態出現）

2. 特定腦區活化

4. 情緒｜感受出現

5. 依情緒反應，
作出決定或行動來
面對事件

6. 下次出現類似事件時，
一樣出現情緒反應來面對

從 141 頁圖中可以看到，情緒的開始，一定都是由特定的事件所引發。

　　接著，我們的大腦會有不同的腦區，來去「偵測」這些事件的出現，並在腦區活化後啟動一系列的生理機制後，再基於不同的情緒狀態做出相對應的行動，直到特定事件被解決後，情緒才跟著消退。而這一系列的反應，也會在下一次面對類似的事件時再次啟動。

　　拿「生氣」的情緒來說，當我們遇到「被他人言語攻擊」的事件時，眼窩前額葉皮質會啟動的一系列生理反應，讓我們進入「心跳加快血壓升高」的戰鬥狀態中。在戰鬥狀態中的我們，就能快速地做出反擊。最後，生氣的情緒在對方被擊退後告一段落。

　　不過，即使這次停止生氣的情緒，當下次再遇到「被他人言語攻擊」事件時，一樣會生氣，並重複經歷上面的情緒歷程。如同上演著「事件→情緒→事件→情緒」的迴圈一般，換句話說只要我們重複用原始情緒反應面對事件，迴圈就會不斷地進行，大腦會在下次遇到類似事件時自動啟動情緒狀態。

　　「情緒迴圈」也不僅僅只適用於生氣，其他的情緒也是一樣的。只是誘發出情緒的特定事件不同，做出的行動反應不同而已。

不過，情緒為何會有上述的迴圈狀態呢？為什麼每次事情一發生，大腦就直接幫我們準備在情緒狀態呢？而不是等我們想想再來反應呢？其實，就演化的角度來說，情緒迴圈正確保我們生存——「不假思索，趕快反應，生存的機會才大！」

- 看到蛇，不用想，緊張的情緒已經準備在逃跑狀態，這樣才跑得掉。
- 有人入侵你的地盤了，不用想，生氣的情緒已經準備在戰鬥狀態，這樣才來得及反擊。
- 看到不明的物體，不用想，驚訝的情緒已經準備在高度警戒狀態，這樣才來得及反應。
- 失去心愛的東西，不用想，難過的情緒已經準備好療傷，不然我們會太痛苦。

　　在情緒「不需要學習即可表現」（本能反應）、「不同情緒能幫我們面對不同情境」「事情一發生就能自動且快速的反應」（無意識）的特性之下，人類的祖先才能因此提升生存機率。

　　但對於生活在現代社會的我們來說，只基於情緒就做出

行動，能確保每次都有用嗎？能解決大多數的問題嗎？我想答案，就正是我們為什麼討論「不希望事情發生時，隨即被情緒牽著走」的原因，更不用說情緒可能會使問題更複雜，甚至破壞關係。

不過幸好，即使有情緒，在情緒下做出什麼行動與反應，是我們是可以經由「學習」改變的！藉由學習，許多原始反應都能發展成適應性行為。

該怎麼學呢？我們只要在事件後，想出「情緒反應以外」的方式來解除事件，而不是用原始的情緒反應來面對事件。大腦就會把過程記錄下來，並在下一次遇到類似事件時判斷：「喔！這個情況其實沒那麼危急，上次解決也面對過了。」

此時，情緒反應就不會是面對這件事情時的唯一選項。大腦也會在一次又一次的類似事件中，學習到這個事件不需要情緒反應處理，或誘發出較小的反應。

因此，要打破情緒迴圈的方法，並不是告訴自己不要生氣、不要緊張，而是試著用「情緒叫你做出的行動」以外的方法面對解決事件！

除此之外，由於是學習歷程的緣故，因此要打破情緒循環，也不一定要在「情緒當下」就想出解決方法解決問題，可以冷靜後再來想方法解決，一樣會有效果！

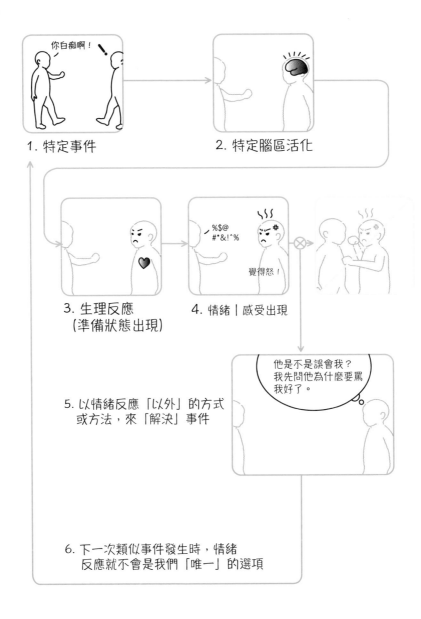

1. 特定事件

2. 特定腦區活化

3. 生理反應
　（準備狀態出現）

4. 情緒｜感受出現

5. 以情緒反應「以外」的方式
　或方法，來「解決」事件

6. 下一次類似事件發生時，情緒
　反應就不會是我們「唯一」的選項

這也是我們把「打破情緒循環」的介紹，放在調節情緒之後的原因，因為如果沒有試著調解情緒，我們太容易跟著原始的情緒狀態來反應了！

　　不過話又說回來，就算試圖打破情緒循環，但觸礁的往往也是在——「孩子的問題就真的很難解決啊！」

　　那麼，在孩子發生狀況時，有沒有什麼解決親子衝突的訣竅呢？

● 試著把孩子出現的狀況，視為「待解決的問題」

看到這裡，你有可能會想「不視為待解決的問題，那要視為什麼？」

但事實上，當我們在協助家長們處理親子衝突時發現，家長們或多或少都會將孩子的行為解讀為「又在找麻煩了」「怎麼這麼無理取鬧」「他一定是故意的」，或是「孩子在調皮搗蛋」。

一旦用上述的方式包裝孩子的行為時，看到的就只有「需要調教的行為」，當然也就不會思考孩子的行為背後，其實還有待被解決的問題。於是，「只要兇，他們就不敢這麼做了」「孩子就是欠罵，罵一罵就會乖」「就是要狠狠地讓他們痛過一次，看下次還敢不敢」等等的行為制約，就會成為我們教養孩子的方式。

而有過經驗的家長一定也知道，或許在某些事情上可以這樣處理，但對於行為背後有「待解決的問題」的孩子來說，即使兇他、罵他，問題仍然存在，而讓我們擔心的行為也還是會再次發生。

因此，要真正地解決孩子發生的狀況的第一步，就是要試著把孩子出現的狀況，都視為「待解決的問題」。

即使真的是調皮搗蛋，在視為待解決的問題後，我們會朝著解決問題的方向走，並試著找出孩子行為背後的原因——

- 是想要吸引大人注意嗎？——解決的方法可以是當孩子出現正向行為時，給予更多的關注。
- 是因為衝動控制太差，總是忍不住做出不合時宜的舉動嗎？——解決的方法或許是尋求早療的協助。
- 是因為表情辨識太差，看不懂大人臉色嗎？——解決的方法或許是大人們明確的情緒表達。

這些都是當我們開始將孩子出現的狀況，視為「待解決的問題」，才能被發現的。當然，孩子的狀況很多，而家長的時間有限，即使大家願意試著用「待解決的問題」來看待孩子的行為，也可能沒辦法一次全部解決。因此，在初期嘗試的時候，可以先從「行為反覆發生」，或「最容易造成衝突的狀況」開始，當作與孩子一起試著找出解決方法的起點喔！

● 比起規定孩子只能怎麼做，給方法更重要

曾經有一位家長訴說他的困擾，我對他生氣、無奈卻又糾結無助的表情印象深刻。

「老師！我的孩子總是像蟲一樣，不能好好坐著。我大概和他說坐在車子的後座不能亂動一百次了吧！但他總是一直、一直、一直需要我提醒他。」

「有一次我真的受不了了，直接請他下車在路邊罰站十分鐘！」孩子的爸爸氣憤難耐的說。

在與孩子爸爸詳細討論處理方法，以及孩子的狀況後，我發現這個情境的癥結點在：「規定孩子的的行為時，卻忘了討論怎麼做到。」

「請你坐好」是我們想要孩子出現的行為，當然背後的原因可能是為會讓駕駛者分心、擋到後照鏡造成危險等等，孩子的爸爸也有解釋為何要做出這樣的規定，但忽略的部分就在於「孩子知道怎麼做到嗎？」

「笑死人，坐好誰不知道？」你有可能會這樣想。

但不要說孩子了，連一個大人要時時刻刻端坐都是一件困難的事，更何況是肌耐力不足的孩子。此外，長途車程，孩子在後座沒事做，只能發呆，也有可能是坐不住的原因之一。

於是我與孩子的爸爸說，不要忘記跟孩子討論「如何達

到規定的方法」。

　　像坐在後座動來動去，我猜孩子有可能是因為太無聊了，於是請爸爸準備幾套有聲書。

　　要開長途時，也可以事先和孩子溝通：「等等開車時，希望你能夠坐好。如果屁股或背痠痠的，坐不住時可以跟我說，我把可以停在路邊下去伸懶腰的時間跟你說。如果覺得很無聊，也可以聽有聲書。」

　　孩子的爸爸也在試過幾次後回饋：「老師，改善很多耶！當然還是需要提醒，但總算不會開車開到火大。」

　　藉由這件事，我想強調──「微小的生活情境，都是我們與孩子一起練習的機會。」

　　如果只是規定孩子怎麼做，再簡單的事，都有可能是引爆親子衝突的導火線

● 如果有很多狀況，試著一次解決一個

　　當然，這是一個很直覺的建議！大多數人都知道面對多重問題時，應該一個一個解決才不會攪在一起。但身陷在狀況中的我們，時常會忘記提醒自己可以這樣做，因此，如果你正因為很多問題、很多狀況而煩躁的時候，不妨回來看看，提醒一下自己。而在執行的時候，也有一些小訣竅──

- 把要解決的問題寫下來，或列出容易起衝突的情境。
- 以「一個狀況可能會衍生很多問題」「覺得孩子應該要做到卻沒做到」「因為某狀況發生衝突次數最多」為處理的先後順序排列，一一解決。
- 解決首要問題的同時，其他狀況也不是放著不處理，而是先試著幫孩子一把。等到首要問題解決了，再來面對下一個。

舉例來說，早上起床到出門，一定是許多家庭的戰場，在分秒必爭的時間裡，很容易有大大小小的狀況。比如：「叫不起來」「穿衣服拖拖拉拉」「忘東忘西」等等。

- 以我而言，叫不起來這件事要先處理，因為叫孩子起床後，就可以準備其他事情，相對時間就省很多。
- 忘東忘西是我最在意的，因為我覺得這是孩子應該要負責的事。
- 穿衣服可能是衝突發生最多的，因為孩子不只動作慢，意見還很多。

處理的先後順序排好後，我會和孩子討論「如何讓自己容易起床」。

試過最有效的是先放一首孩子喜歡的卡通歌再叫他們起床。

也試過在前一天讓孩子準備自己愛吃的食物在冰箱，隔天起床的動力會多一些。

只要起床了，孩子穿衣、帶東西可以由我來幫他們。找到方法讓孩子容易起床後，再來試下一個問題，一步一步的解決之下，才不至於每個都想試，卻沒有一個成功解決，搞得全家烏煙瘴氣。

● 事情沒有一次解決，不用氣餒喔！問題本來就需要分段解決

在討論這個建議時，我通常會舉一個例子——

如果我們在玩遊戲時，第一關就碰上大魔王，會發生什麼事呢？

不要說還沒熟悉遊戲模式，連經驗值都還不夠，一定會一下就被大魔王 KO，一而再再而三的挑戰失敗之下，我們還會想玩遊戲嗎？當然不會嘛！一點成就感都沒有。

這種沒有練習的機會的遊戲設計方式，如同剝奪掉看到打敗大魔王的「希望」一樣，最終我們也在既氣餒又毫無方法之下，放棄了這款遊戲。

我們在育兒、在與孩子一同解決問題的時候，何嘗不是這樣呢？

時常一下子，孩子就突然丟出了一個「大魔王」等級的問題出來，而一試再試卻又毫無起色，家長一定也會氣餒不知如何是好。這時不用放棄打敗大魔王，而是讓自己與孩子從小關卡開始突破，就解決這類型態問題時的方向了。

具體而言可以怎麼做呢？首先，我們可以將「解決大魔王等級的問題」視為大目標，接著，在這個大目標底下，再加上三個小目標就可以了。

比如說，如果把解決「一不順孩子的意，他就生氣，還會出現打人的行為」當作大目標的話，那底下的三個目標如──（表12）

表 12　三階段目標設定

第一階段目標	表達情緒時，不會出現攻擊行為。而是使用不會傷害別人與自己的方式來表達。比如大聲地說出自己的心情、跺腳、搥打沙包等。

第二階段目標	在情緒爆發的前後，會將情緒的感受和原因講出來。

第三階段目標	情緒爆發到冷靜的時間，可以縮短至 5 分鐘。並在冷靜後，與大人討論解決困難的方法

大目標	當遇到事情無法按照自己的意思進行時，即使有情緒，也可以進行溝通及願意試試看大人提供的方法。

　　而如此設計的好處就在於，除了前面提到的可以先從小的目標來著手、進行突破外，每次小目標的達成，也可以當作我們發現孩子其實有在進步中的指標喔！

　　最後，當了父母後，要處理的事情實在太多了，有時候真的沒辦法好好地照顧自己。

　　因此，以下做一份簡單的檢核表，除了當作第二章的總結外，也可以檢核自己試過了哪些方法、安撫情緒的動作做到第幾步了。就讓我們一起來練習看看吧！

表 13　安撫情緒檢核表

<table>
<tr><td rowspan="3">事件發生</td><td>前</td><td>□ 我有與孩子討論「　　　　　　」（填入事件）的規則，規則如下：　　　　　　　。
□ 與孩子討論情緒等級是什麼，並建立彼此的情緒等級。
□ 我有建立好調節情緒反應的儀式行為
□ 當孩子要解決的問題很多時，我有試著先列出最困擾的前三名：
❶ 　　　　　　　　 ❷ 　　　　　　　 ❸ 　　　　　　　　 。</td></tr>
<tr><td>中</td><td>□ 我有在情緒等級 4 級時，就有説出自己的情緒和原因。
□ 當情緒等級 6 級時，我會試著用任何一個策略，來趨緩自己的情緒反應
□ 當我與孩子溝通時，我有試著用協商的技巧與孩子建立事件終止線。
□ 當事件停在事件終止線後，我有明確的告訴自己和孩子事情結束了。
□ 即使是小事情，當我需要孩子修正行為時，我不僅會告訴他我希望的修正方向，也會告訴他修正的方法。

修正方向：　　　　　　　　　　　　　　　　　　　　　　 。
修正的方法：　　　　　　　　　　　　　　　　　　　　　 。</td></tr>
<tr><td>後</td><td>□ 事件發生後，我會試著做儀式行為，趨緩自己的情緒反應、
□ 在反芻思考出現時，我會試著找出下一次我確定自己能在類似事件中做到的事：這件事是　　　　　　　　　　 。
□ 我會試著找出孩子行為背後的問題（即使是猜測也沒關係呦）：
行為：　　　　　　　　　　　　　　　　　　　　　　　　 。
背後的問題：　　　　　　　　　　　　　　　　　　　　　 。
□ 我有與孩子討論對於行為背後問題的想法，並一起想解決策略：
策略是：　　　　　　　　　　　　　　　　　　　　　　　 。
□ 當問題沒辦法一次解決的時候，我會試著將問題拆成三個小目標：
❶ 　　　　　　　　　　　　　　　　　　　　　　　　　　
❷ 　　　　　　　　　　　　　　　　　　　　　　　　　　
❸ 　　　　　　　　　　　　　　　　　　　　　　　　　　</td></tr>
</table>

Part 3

照顧自己的內在需求

01 進步最多的家長

　　與家長會談已經一個多小時了，而孩子的爸爸依舊只在每個話題的前兩句裡，與我完成對話。其他的時間，不是我試圖將話題拉回來，就是找不到可以打斷他的頓點。雞同鴨講、以及找不到共識同樣讓我如坐針氈。

　　忘了最後是怎麼結束會談了，只記得筋疲力竭的回到辦公室後，櫃檯的同事竟然跑進來跟我說：「老師，爸爸剛剛

把課加到一個禮拜三堂！」

「什麼！！！！」震驚到我都可以感覺到自己的眉頭用力的皺了起來。深深地吸了一口氣，我在心裡哀嚎：「剛剛的會談模式，可能一個禮拜要面對不只一次。」

糾結了好一會兒，但加課就是加課了，孩子的確有許多狀況要處理，於是在心裡默默地決定：「都加到三堂課了，一定要找到可以跟孩子的爸爸順利溝通的方式！」

於是我開始使出渾身解數，甚至在會談前把想溝通的話在腦中沙盤演練一次；也試著把孩子的狀況、解決方式打在紙上溝通。但一個禮拜三次的會談依舊重複著各執一詞的輪迴，時間過去了，我們竟然只是拉著孩子在原地踏步。

你問我為什麼如此看重與孩子爸爸的溝通，來尋求協助以及試圖解決的，不是孩子的狀況嗎？為什麼不把焦點放在孩子身上就好。

我也想專心處理孩子的狀況，天知道大人要比孩子難改變一百萬倍。但癥結點就在於──「其實孩子的狀況，正是教養方式引起的！」

孩子剛上一年級，爸爸就把他所有的玩具包起來送人。告訴他：「你是一年級的哥哥了，以後週一到五，功課寫完就去睡覺。如果有什麼玩具想買，考一百分才能買一個。」

寫生字本也是，就算紙已經被擦到破，孩子的爸爸也會

再貼一張紙，要求孩子重寫，直到寫到「標準」為止。而借了孩子生字本來看，爸爸口中所謂的寫多糟，在我眼裡卻已經是工整到不行的字體。題目寫錯？沒關係，爸爸這裡還有測驗卷、自修、考古題可以練習。

經過了一個學期，孩子開始出現爸爸口中「為什麼要哭著說不要上學？」「為什麼被老師說不專心？」「為什麼寫功課可以看著作業簿一個小時，然後才寫幾個字？」

而爸爸眼裡的這些行為，其實正是孩子的求救訊號：「爸爸你這樣要求我，我覺得壓力很大。而且我也不知道該怎麼達到你的要求。」

因此即使尋求了早療協助，即使加課了，爸爸沒動，孩子的狀況也沒有解決。每次上課時拉了孩子一把，又會被孩子的爸爸推回倒退三步的狀況，不僅讓我挫折，也不禁想著：「乾脆跟孩子的爸爸說，孩子會這樣，都是你造成的，你只要改變，孩子就沒事了！」

但想歸想，這句表面講出事實、實則指責的話，根本不可能讓爸爸改變。如果真的衝動講出這句話，孩子的爸可能就不會再出現，我就再也幫不了孩子了。就在我找不到任何施力點，覺得最煩惱無助的時候，情況竟然在意想不到的地方開始有了轉機。

其實成長的不只有孩子

　　與孩子的治療課進度已經來到「如何緩解壓力」的環節，而我也與孩子試著藉由遊戲的方式，創造出幾個讓心臟蹦蹦跳的情境。不只請孩子觀察自己在緊張的時候會有什麼感受，也與他討論了幾個可以讓情緒慢慢舒緩的方式。遊戲上課的進行方式總是歡樂又順利，我也沒有多想，只是提醒孩子回去可以試著用相同方法，找出哪種舒緩情緒的方式對他最有用。

　　隔沒幾天又到了上課的時間，而這次的會談，孩子的爸爸竟然跟我分享了一件讓我下巴掉下來的事情。

　　「老師，我跟你說喔！我現在每天晚上都會跟孩子一起做深呼吸、吐氣、深呼吸、吐氣！」孩子的爸爸一進會談室的門就說。

　　雖然心裡面想著，不是早就跟你說要做了嗎？怎麼現在才做。但還是好奇的問：「咦！怎麼會突然開始做呢？」

　　「喔！因為前天與孩子正因為某件事在爭執。他可能看我又要罵他了，竟然跟我說：『爸爸，我覺得我們又要吵架了。先一起深呼吸，冷靜一下好不好？』」

　　「聽他這樣說，我真的有又好氣又好笑的感覺。想說這個孩子人小鬼大，也知道什麼叫一起冷靜。但想想罵他好像

也不能解決事情，就跟他一起試試看了。」

天啊！聽到爸爸分享的這段話我真的要哭了，沒想到我直接說沒效，透過孩子來說，竟然能讓爸爸跟著他一起做，真是太感動了。而且我完全可以想像孩子和爸爸說這段話的神情。

「那您覺得有效嗎？」我問。

「心情的部分，我是覺得還好，但跟他一起深呼吸吐氣後，他寫功課的速度竟然有變快。所以我們就說好每天都要一起做一次！」爸爸嘿嘿的笑著。

看著微笑中的爸爸，沒想到竟然是透過這樣的方式讓孩子的爸爸動了一下。激動的情緒與心中的千頭萬緒都讓我盤算著，如何啟動著接下來的「教孩子如何教爸爸」計畫！

當然會在這邊跟大家分享這個故事，也是因為最後真的成功了。中間雖然還是歷經了許多風風雨雨，但隨著會談的時間慢慢縮短，孩子開始進步，治療的頻率也從一週三堂課降到一個月見一次面。甚至，不用透過孩子影響爸爸，而是直接能跟爸爸在溝通中討論出共識。

直到孩子從診所畢業的那刻，我雖然還想不通為什麼只顧著自己的爸爸，會聽進孩子的意見，但有一句話突然竄進我的腦袋裡：「當了父母後，你會發現人生因此而圓滿。」

過去的我，只把這句話解讀成生命因為愛而完整。但看

到這位進步最多的家長，我突然地意識到——圓滿，或許因
為成長中的，不只有孩子。

02 照顧，需要資源

不知道大家看到「照顧」時，會怎麼聯想呢？用照顧這兩個字，除了呼應「家長」與「孩子」的角色之外，在育兒中感到挫折與無力的「自己」，也是需要照顧的。

好好地照顧自己，才能發現受傷的地方，開始治療這些傷口。

好好的照顧自己，才能開始修補裂痕，而不是築起一道又一道的高牆，防衛著脆弱，卻也拒絕著別人。

好好的照顧自己，因為在自己身上找到的答案，或許更能獲得真正的獲得平靜。

不過，說來說去，畢竟「照顧內在需求」只是個抽象的講法，具體而言要做些什麼呢？要回答這個問題，大家不妨先來想想，當我們拿到一株需要照顧的植物幼苗時，會怎麼做？

首先，要確認幼苗是什麼植物。因為在確定品種後，才知道該如何依植物習性照顧它。

接著，要提供這株幼苗足夠的水、陽光，或任何所需的

營養，確保它能獲得生長所需的養分。

　　另外，每天在提供生長所需的營養時，也要觀察幼苗生長得如何，才知道需不需要調整方法。而如果生長不如預期，或有任何的問題，我們就需要調整照顧的方法，比如思考是不是水澆的太少、或考慮需不需要添加肥料等等。

　　照顧內在需求，其實也與我們面對幼苗的方式一樣。幼苗需要水和陽光的營養才能生長茁壯，而對於內在需求來說，他們也需要如同營養般的「心理資源」，來提供成長的養分；觀察幼苗的生長狀況的過程，就如同「關照」自己的內在需要什麼一樣，我們才知道需不需要調整照顧的方法；最後，則是依成長的狀況等等，適時地做出調整。

　　供給養分、觀察生長狀況、適時的調整照顧的方法，即是我們在此章節裡所謂的「提供資源」「關照」以及「方法」。

表 14　如何照顧內在需求

照顧內在需求	
提供心理資源	資源是心靈的營養物，沒有資源，很難讓心理成長茁壯。 依資源的來源，可分為內在資源與外在資源。
關照內在需求	內在需求滿足的狀況，會反應在我們的想法與傾向上，並藉由情緒或行動表現出來，也是我們關照時可以察覺的訊息。
照顧內在需求的方法	每種內在需求不一樣，照顧的方式也不一樣，即使是同一種需求，在不同的人身上，也可能會需要調整照顧的方式。

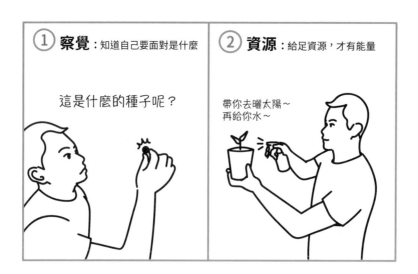

① 察覺：知道自己要面對是什麼

這是什麼的種子呢？

② 資源：給足資源，才有能量

帶你去曬太陽～
再給你水～

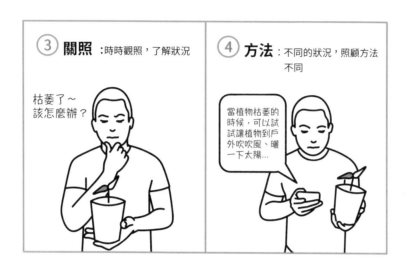

　　察覺，正是 Part1 提到「察覺自己需要注意的內在需求
為何」，因此本章就不多加贅述。雖然上表所列出的，和常
見的吃美食或去按摩等「照顧自己」的方式不一樣，但我們
想告訴大家，照顧內心不僅是抽象的講法而已，而是有具體
的行動與方向。就讓我們一起從「提供資源」開始，好好地
照顧內在需求吧！

內在的健康與成長，需要心理資源

　　「心理資源」其實就是心靈的養分，因此，如果我們要維持心理健康，就需要持續提供內在足夠的心理資源，才能讓心靈得以成長茁壯。而存在於內心世界的內在需求，也正需要這些心理資源。此時你有可能會想「為什麼要心理資源？！從小到大，也沒『餵』過我的心吃什麼東西，還不是活得好好的！」

　　有這樣的想法很正常，畢竟這是大家第一次接觸到心理資源這個名詞。但在日常生活中，我們可能或多或少，就用著不同的方式，補充心靈所需的養分。

　　有時是牢牢地記在心中的座右銘，在最低落的時候，只要在心底講出這句話，就能幫自己打打氣，勉勵自己度過難關。有時，當我們因忙碌的工作感覺疲憊，沒有「電」的時候，一場說走就走的小旅行，前往沒有生活過的地方，看看不同的風景，似乎就能充飽電，找回動力。「座右銘」「旅行」等，對我們的內心來說就是心靈養分，也是我們現在所要討論的「心理資源」。

　　其中，由於「座右銘」是我們儲存在心中，並在內心鼓勵自己的話，因此依「資源補給」的方式，可以視為「內在資源」。旅行中豐富著心靈的風景、吃到美食等等，由於是

從外界補給的資源，因此就可以視為「外在資源」。

　　但內在需求為什麼也需要心理資源呢？

　　以「沒有滿足的控制需求」為例，即使我們因為失去控制而感到焦慮，因控制不了而覺得無力，這些或許都能在旅行（外在資源）後，得以轉換心情後平復，並讓我們繼續有動力來面對自己的需求。

　　因此，不管大家的動機是想要照顧內在需求也好，還是想讓幫自己的心靈充電也好，「不要忘了補充心理資源」，即是本章的第一個建議。

　　至於要補充什麼心理資源呢？只要是「在思考中加入讓自己有動力繼續衝刺的想法」（內在資源），或是「獲取不同類型的知識或訊息幫助思考，或引導我們做出決策」（外在資源），都可以當作資源補充喔！

　　但身為父母的我們，又有哪些資源與我們相關呢？以下即列出三種可適時補充的心理資源。包括了內在資源的「認知彈性」「成就感」，及外在資源的「教養路上的隊友」。

內在資源──「認知彈性」

　　什麼是認知彈性呢？簡單來說，認知彈性是為了幫我們「做出思考及想法上的轉換」而出現的。

　　舉例，因為賴床以致於趕到公車站，常坐的公車已經走掉時，此時認知彈性就會開始運作。從「原本我都是搭〇〇號公車到公司」的想法。試著轉換成「我現在還有什麼選項可以到達公司」的思考模式，才能及時趕到公司不會遲到。

　　因此「認知彈性」這個名詞雖然拗口又難記，卻在生活中扮演著舉足輕重的角色，除了幫助我們應付許多突發狀況，也是解決問題時最重要的一環。

　　不過，為什麼認知彈性是處理內在需求和教養時，十分重要的心理資源呢？──這是因為，身為父母，在教養孩子的過程中，最常遇到的環節就是──「孩子，即使你是我養大的，但你的想法就是跟我超！級！不！一！樣！」。

　　而雖然大家都能理解「父母與孩子本來就是兩個不同的人、想法一定會不一樣！」的觀點，但當父母「自己」也有內在需求的議題要處理時，就會特別「著重」某項行為，或「堅持」某種思考模式。這些「堅持」與「著重」，特別容易讓我們強迫孩子要照著我們的話做，或否決孩子提出的意見。

　　舉例來說，假如「成效需求」是我們內在需求的議題

時，此時，我們就會特別看重自己的付出有沒有得到相等的回饋、以及希望事情的完成越符合自己的標準。而當我們將此需求的滿足放在孩子身上時——「我都付出這麼多了，你為什麼不多努力一點！」或許就成為我們檢視孩子的標準。

　　但，孩子真的都沒努力嗎？還是因為自己的成效需求沒有被孩子的表現所滿足，因而蒙蔽了我們，看不到孩子努力呢？

　　此時，雖然要解決根本的問題，還是要從學著平衡或滿足自己的「成效需求」來著手，但，如果在照顧自己內在需求的同時啟動認知彈性，在困境中加入些許的心理資源，不僅能幫助我們轉換想法，站在孩子的角度思考，還能將「自己的想法」與「孩子的想法」做切割，知道自己的想法不是「唯一的思考模式」。這樣一來，即使內在需求還沒被滿足，也不至於被「為什麼孩子都不照著我的想法做？」的糾結消磨了。

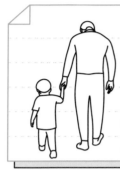

或許，

在啟動認知彈性的時候，能讓我們收穫

「孩子本來就跟我是不同個體，所以想法不一樣很正常」的釋懷。

也或許，

在啟動認知彈性的同時，能讓我們看到

「孩子其實有努力，只是努力的方向跟大人預想的不一樣。」

　　而不管如何，啟動認知彈性所帶來的養分，就有機會帶我們走出許多親子衝突的困境，更聚焦自己的內在需求。當然講起來很美好，但要讓認知彈性當作心理資源使用，還是需要多多練習。我自己也是在臨床上打滾好多年，才較能在與孩子相處時應用，而練習方式無他，就是鼓勵自己猜孩子的想法的時候，一定要猜大於一種可能性。

　　以下也準備五題練習題，讓大家可以試著猜猜看孩子的想法。練習的目的是訓練認知彈性，因此正確與否並不是重點，而是沒有試著將自己的想法與孩子的做切割！

　　請大家依題目的提示，試著猜猜看孩子心裡內心話。也為了增加練習的效益，每一道題目中，要猜出「三組」不同的想法喔！

NOTE

使用的時機，不用到與孩子有碰撞時才來猜，無時
無刻都可以猜。也不用逼自己在情境當下馬上猜出
來，事後回想再來猜猜看也可以！

認知彈性練習範例 》》》

▶ **情境**：孩子在公園撞到一個老伯伯，請孩子道歉，孩子卻什麼都不說，只是一直盯著老伯伯看，口氣不管緩和、或稍微嚴厲一些都沒有用，孩子只是站著，卻沒什麼反應。

可能的心裡OS-1

可能的心裡OS-2

要我道歉？！
可是是這個伯伯
先撞到我的誒！
我也很痛啊

可能的心裡OS-3

完蛋了完蛋了！
我又做錯事！
等等回去又會被
處罰！

認知彈性練習 1 〉〉〉

▶ **情境**：答應帶孩子去動物園，孩子明明前一天還興致勃勃，但到動物園、逛了一陣子後，卻開始哭鬧，怎麼哄都沒辦法讓她的情緒緩和下來……

可能的心裡OS-1

可能的心裡OS-2

可能的心裡OS-3

認知彈性練習 2 ⟫⟫⟫

▶ **情境**：約了孩子的同學一起去野餐，孩子卻一反常態，沒有亂衝亂跑，反而安靜的吃著食物⋯⋯

可能的心裡OS-1

可能的心裡OS-2

可能的心裡OS-3

▶ **情境：** 明明前一天才跟孩子說不能喝含糖飲料，隔天運動完，孩子竟然當著自己的面喝著同學家長給的運動飲料 ……

可能的心裡OS-1

可能的心裡OS-2

可能的心裡OS-3

▶ **情境：**孩子每次寫功課時，寫沒兩下，就要發呆看著窗外一下，寫功課動輒兩三個小時起跳⋯⋯

可能的心裡OS-1

可能的心裡OS-2

可能的心裡OS-3

▶ **情境**：明明跟孩子說進學校不要用跑的，會很危險，但他卻不聽，還是跑給大人追⋯⋯

可能的心裡OS-1

_____

_____

可能的心裡OS-2

_____

_____

_____

_____

_____

_____

可能的心裡OS-3

_____

_____

_____

_____

_____

_____

如果真的猜不出來，可以參考以下可能的想法。不過當參考就好哦！這邊列的不是唯一的答案！

表 15　認知彈性練習參考

練習	OS-1	OS-2	OS-3
練習（一）	這裡好熱喔！我快受不了了！	怎麼都沒看到我想要的動物！我想要看〇〇動物！	人好多！好可怕！ 我不想要在這麼多人的地方！
練習（二）	上次沒吃完東西就跑去玩，結果被罵，我這次要乖乖的東西吃完再去玩。	我跟同學吵架了，我不想要跟他們玩！	這個食物也太好吃了吧！好喜歡這個味道。
練習（三）	運動飲料又不是含糖飲料，爸爸媽媽為什麼一直看我！	我真的好渴，快受不了了！喝一口不會怎樣吧？	這是〇〇媽媽給我的，如果不喝，我怕被〇〇討厭！
練習（四）	手好痠！！！	每次寫完功課，又有一堆要被擦掉，好煩不想寫。	寫功課到底能幫助我什麼，寫不好還會被罵！
練習（五）	爸爸媽媽每次反應都好大，好好玩！	就剩一點點時間可以玩了，我要趕快進到教室裡面玩一下遊戲，等等就上課了。	老師說不能遲到！同學都在跑，是遲到了嗎？

內在資源──「成就感」

看到「成就感」，大家一定不會懷疑成就感是一項很重要的心理資源──「還有什麼比達到成就，更讓人有動力呢？」

但，問題就來了，許多家長會跟我說：「老師，我也很想在育兒的過程中有成就感，但和孩子相處只有煩躁和滿滿的挫敗感啊！」

放心，有上述想法的，絕對不只有你。但為什麼我們會容易在育兒的過程中，感到到挫敗與無力呢？當然，從「經驗學習者」的角度來說，孩子與我們的學習經驗，本來就有著天差地遠的差別。遇到同樣的問題，我們可能已經累積了無數次的經驗來幫助我們修正行為、也有著較成熟的能力讓想法付諸行動；但對經驗值零的孩子來說，會試著摸索方法就已經很不錯了！更不用說，還要孩子用我們的「標準」來完成事情。

此外，成人的大腦，與孩子的大腦構造本來就不一樣。成人的大腦由於前額葉相對成熟的緣故，較能從事件當中偵測出錯誤，挑出需要修正的點。而孩子除了前額葉尚在發展階段之外，他們的大腦構造本來就設計成「盡量探索」，而非「偵測錯誤」！

基於上述差異，難怪大人希望事情能夠朝著減少錯誤的方向進行，孩子卻依然在無關緊要的事情上蹓躂，即使完成了也錯誤百出了！

　　不過，孩子，真的都沒有進步嗎？真的沒有達到任何的成就嗎？當然不是的。

　　在某次的教養講座中，一位害羞的家長在講座結束後客氣地問我：「老師，不知道能不能詢問孩子的一個狀況？」

　　在我點頭示意後，孩子的家長說著讓我思考許久的一件事情：「孩子有一件事，讓我很煩惱，也不知道該怎麼幫他。他沒有什麼優點或特長，功課的表現也都是各科很平均，但都不突出。但孩子好像也不以為意，每天還是照舊過，也不會想要充實自己。我真的很擔心他出社會後會被淘汰！」

　　「咦？」家長斬釘截鐵的講著完全沒有優點的這幾個字著實讓我嚇了一跳，於是我又確認了一次「完全沒有任何優點嗎？」

　　「對！你可以想成所有的科目成績都是 60 分！」

　　「那我換個方式問，孩子有沒有做過，讓你會想稱讚他的事情呢？」我說。

　　孩子的家長想了想，猶豫了許久說：「我不知道這個算不算耶！每天都不用我提醒，他就會自己做家事，還會幫忙

洗碗什麼的……」

「那您有因為這些事稱讚過他嗎？」我確認著。

而看著家長游移的眼神，我想我知道答案了。最後我建議是不急著找出孩子的「優點」，而是先從日常行為中給出稱讚開始。即使給了建議，這位家長遇到的困境仍引發了我的省思——

「孩子之所以被認為沒有優點，會不會是因為家長沒看到孩子的努力呢？」

「是不是因為社會文化，將成績表現視為『唯一的成就』，所以在看孩子時，就會偏差著審視孩子的表現呢？」

「如果孩子的家長會稱讚孩子的話，那孩子的行為，會不會朝著某些特定的方向走，優點就慢慢地顯現出來了呢？」

為此我做了幾場小型的調查，我開始在教養講座中，請家長試著找出孩子可以稱讚的地方，並寫下一句稱讚的話，而讓我驚訝的地方就在於，百分之九十五稱讚的話，都是在稱讚孩子「有做到爸爸媽媽規定的事！」

「你有記得睡前要整理好功課，不錯喔！」

「你今天很棒喔，有把水壺裡的水喝完！」

「老師說你今天上課很專心，有回答好幾題問題，很厲害喔！」

當然，如果孩子出現上述的行為時，很值得鼓勵，此時稱讚他們也很正常，但如果都是這類型的稱讚，是不是也代表當孩子沒有做到規定的事情時，就沒有值得我們肯定的地方？當然不是的。

但當我們都太習慣、也只在「孩子做出我們要的行為」的時候才稱讚，忽略掉的除了其他值得肯定的部分，我們也只看得到「沒達到標準」而「不夠好」的孩子。或許就像前面故事的家長一樣，不是孩子沒有優點，而是我們沒看到，當這樣的狀況在生活中循環時，育兒中的我們會感到挫敗，也離收穫成就感愈來愈遠。

因此，在「成就感」這項心理資源中，我想帶大家練習：「即使孩子沒做到規定的事，我們也能找出值得肯定的部分。」

一旦我們開始試著稱讚與激勵，這不僅僅是在鼓勵孩子，我們也能藉此肯定自己——「原來我教孩子的東西，都有在用他的方式吸收了呢！」這何嘗不是一種成就感的正向循環呢？不過，就像上一個內在資源「認知彈性」一樣，要找出孩子值得肯定的地方也是需要練習的！

以下準備了五題練習題，讓大家可以試試看喔！

以下五題的練習題，圖中的孩子，雖然都沒沒有做出非常「理想」的行為，但請大家先試著從這些情境中，找出孩子值得肯定的地方。

NOTE

　要找出值得肯定的地方，除了要記得「即使孩子沒有達到我們的期待的表現，也一定有值得我們肯定之處」之外，方向就可以從「孩子有做出的行為」「上次與這次行為的差別」「雖然最後失敗了，但為了解決問題而嘗試的方法」都可以喔。

成就感練習範例 》》》

孩子是學校籃球隊的隊員。
在一次比賽中，因為隊友的
失誤，所以比賽輸了。

孩子當下哭到停不下來，還
對隊友咆哮。

也因此，孩子被禁止到球隊
一個禮拜。

「我覺得你非常重視隊上的榮譽，所以你會督促大家練習，在比賽前也會自我要求，總是要

練習好幾次投籃，這點非常棒呢！不過對朋友大聲講話，他會很受傷，我們一起想個辦法，

能減少失誤，又不會傷害與朋友的感情的方法，好嗎？

成就感練習 1 ⟫⟫

孩子怕高，總是不敢玩攀爬架、爬網、攀岩等遊戲設施。

今天出門前好說歹說，希望孩子能試試看公園的攀爬架，結果孩子上了攀爬架後，還是動彈不得，說要下來...

生字	心	乙	一	二	八	力	然	生	乙
	0 4	0 4	0 1	0 2	0 2	0 2	0 2	0 5	0 5
筆順	心	乙		二	八	力		生	乙
生字練習	心	ひ	一	二	八	力	然	生	乙

寫功課是孩子上小一之後的魔王關卡。

要不寫個功課三催四請，要不寫超久，成果卻不盡理想。

今天的功課只有一面，孩子卻寫寫停停寫了一個小時，檢查功課時一看…

孩子每次看ipad總是停不下來，要他關掉就好像要他的命一樣，哭天喊地天崩地裂。

警告孩子，如果再這樣下去就沒有ipad可以看了。

今天提醒孩子ipad要收起來，一連提醒了三次，孩子關是關了，卻在旁邊生悶氣，一句話也不說。

孩子一直都有粗心大意的問題。

這次月考前，才提醒孩子考卷寫完一定要檢查、再檢查。

結果國文考卷一發下來，才發現孩子全部都寫對，就是有一大題沒寫到，被扣了10分⋯⋯

成就感練習 5 》》》

跟孩子說好不能吃糖果，孩子也都能遵守規則，拿到糖果就交給大人處理。

結果某天整理房間的時候，發現孩子在抽屜裡藏了糖果紙。詢問孩子後，孩子也承認是他偷吃……

最後，有可能會有人想問：「老師，這個練習的意思是，即使孩子沒做好，我們也要稱讚他，然後就不要管他了是嗎？」

當然不是的。練習的意義是讓我們習慣看到孩子努力，不是都不指出需要修正的地方。因此，大家也可以在肯定孩子之後，再來討論要改進或修正的地方喔！以下附上參考建議，但並不是唯一，更不是絕對的答案喔！

表 16　成就感練習參考

練習	值得肯定的地方—— 「孩子有做出的行為」「上次與這次行為的差別」「雖然最後失敗了，但為了解決問題而試的方法」
練習（一）	你今天有試著深呼吸、吐氣，讓自己不要這麼緊張。我有看到你的努力喔！
練習（二）	你所有的字都有努力的寫在格子裡面，沒有跑出來。要做到這點真的相當不容易了，很棒喔！
練習（三）	你很守信用，自己關掉了 ipad 我覺得你愈來愈能夠自己踩煞車了，這點真的很值得稱讚！可以跟我分享你是怎麼讓自己停下來的嗎？
練習（四）	平常最常因為粗心錯的國字，這次都沒錯耶！你真的有把考前答應我的事情做到，真的很棒喔！寫完國字的時候，一定檢查了好幾次，對吧？
練習（五）	我問你的時候，你有說實話，謝謝你誠實的告訴我！

外在資源 ── 「教養路上的隊友」

「教養路上的隊友」這個外在資源雖然跟內在需求的滿足沒什麼直接的關係，但就是因為太重要了，所以還是列在這邊供大家參考。也就是說，只要是在教養路上，不管你有沒有內在需求的議題要處理，都建議找到隊友陪伴。

這個隊友不一定要是自己的另一半，也不一定是每次都能提供解決方法的「神隊友」。只要是能夠傾聽你，讓你抒發情緒的人，都非常適合視為隊友。當然傾聽與抒發情緒，在關係中通常是互相的。

而近年來由於網路科技的普及，許多隊友的互動，會發生在通訊軟體的「群組」中，或不同網站的「社團」裡，其實也都非常適合。此外，「找隊友」不代表我們不夠堅強，「需要隊友」也不代表我們不夠優秀。

「沒有人是一座孤島」當我們在育兒的過程中累了、煩了的時候，不要忘了，可以尋求外在資源，找到隊友幫我們們打打氣！

03 照顧，需要關照

在開始介紹如何關照內在需求之前，我們先來整理一下目前對於內在需求的認識。

首先，本書要討論的議題是「存在於每個大人心中，沒有滿足或不知道該如何滿足的基本心理需求。」

而沒有滿足的原因，我們提出了兩種方向：

① 因為人格特質的關係，所以某項需求需要的程度容易被放大或其實需要卻被忽略。

② 不知道該如何用平衡的方式，來滿足基本需求。所謂的平衡，指的是既可以滿足需求，又不會造成衝突，也不至於衍伸出其他的議題，或造成自己無法平復的情緒。

因為基本需求沒有滿足的關係，我們因此產生許多情緒，如想要卻無法滿足時所產生的「焦慮」，試圖用「生氣」的情緒，強迫外界讓我們滿足需求，因為努力卻沒滿足而感到「無力難過」等等。前面章節也提出許多方法，先

「安撫」因為內在需求未被滿足時所產生的情緒。不過,即使上述的名詞不再陌生,還是有個常常被提起的議題可以先討論。

為什麼內在需求的議題會出現在我身上呢?

「原生家庭」或許可能是其中的一個因素。

比如父母總是認為我不夠好,對我的表現常挑三揀四,因而在成長的過程中「努力總是得不到肯定」「自己總是不夠完美」成為常態,最終就有可能成為自己需要照顧的「成效需求」。

又或者我的「天生的氣質」,讓我對於別人的回饋特別敏感,在意「別人是怎麼看我的」「我在大家心中是正向的形象嗎」等等的在意,讓「自尊需求」成為我需要特別照顧的一環。

「文化因素」也可能是影響的其中一個因子。比如說,如果文化因此特別強調:「男孩子就是不能哭,哭了就當不成男子漢」,在文化成見的影響下,男生或許怕被笑、不想被瞧不起,就總是埋藏自己的情緒,對自己的感受三緘其口。於是,明明就是需要另一半的情感支持與情緒緩衝的時刻,卻在自己「沒有說出口,另一半也不知道需要幫忙」的

狀態下，「依附需求」成為心中被禁錮的需要。

不僅如此，「個人經驗」「成長背景」「個人能力」「環境資源」等等，有太多可能影響的因素。甚至可能出現「不只一種」因素正影響我們的情況。因此如果真的要釐清「為什麼？」不僅可能會理不清之外，還有可能模糊「照顧現在的自己」這個焦點。

我們已經成為現在的自己了。

我們要處理的，是「現在」還沒癒合的傷口，是發生在現在的議題。也是現在的我，想解決與孩子相處上的摩擦。當然，我們沒辦法捨棄過去，但能帶給我們前進能量的，不是糾結著過往，而是知道「我能、而且我知道現在要面對什麼」，因為，我們處理的每個現在，都會帶著我們看向未來。

不過這樣說，並不是不能想內在需求的議題是怎麼造成的。因為會想試著從回憶中，找出哪些因素，造就「現在的我」，本來就是人之常情。

我們只想想告訴大家，如果真的無法歸因，也不用太糾結！畢竟能關照、且知道自己內在需求需要照顧的訊號，不存在於過去，而是現在喔！

如果內在需求沒被滿足，我該如何關照

相信大家已經做完情境測驗，也都看過結果了。

「老師，我還是霧嘎嘎（bū-sà-sà）耶！就算從情境測驗中，知道○○需求是要處理的議題，我還是不確定有哪些狀況和這個需求有關聯呀？！」

消化各個不同需求的名詞解釋是一回事，難就難在「如何用這些需求，來分析自己的狀態」，以及確定「到底有哪些情況，是真的內在需求在發出需要照顧的訊號呢？」

因此，以下即以常見，被說出口的話，作為內在需求沒被滿足時的關照點。

為免對號入座出現誤讀，先將警語放在下面：

① 這邊列出的話或想法，目的不是指責說出這句話的家長，而是想告訴大家：「當我們這樣想的時候，或許不是孩子不乖或不聽話，而是我們的內在需要照顧。」這非常重要！因為這兩種想法的轉換會讓我們做出完全不一樣的行動決策。

② 我們整理關照訊號的方式，會以「內在衝突」與

「外在衝突」兩種形式來呈現，大家不要被新出現的名詞給嚇到。簡單解釋，可以把內在衝突想成自己與自己打架而出現的情緒、感受等；而外在衝突就是與外界、與人的摩擦。

③ 這裡舉的例子都是在教養過程中會遇到的情況。但內在需求的議題也有可能會影響其他領域，比如人際關係、職場等等。其他領域發生的衝突，也都可以用內在需求的觀點切入。

④ 聽到另一半或者他人講出這些話時，本書絕對不是指責對方的依據，大可不必指著他們說：「就是因為你的○○需求沒照顧好，才會講出這些話。」想想，如果講出口的是我們，也不想聽到這樣的回饋吧！因此，或許先讓彼此冷卻一下，之後再來好好談談，或許是更能解決問題的方式。

⑤ 這裡僅說明「這是需要照顧的訊號」，至於如何照顧，會在最後說明。

有了以上的說明為前提後，就從「依附需求」開始介紹吧！

依附需求的衝突

需求滿足過程	不習慣表達自己的心情與感受。
需求的內在衝突	情緒無法被依附對象調節及理解，情緒就會越擴張。此時不僅情緒居高不下，我們也會陷入害怕失去依附對象的想法中。
需求的外在衝突	在希望自己的情緒被重視、同時也害怕失去依附對象時，我們就有可能會用威脅、強迫的語氣，藉由對方的順從或討好，來證明對我們的重視。

你為什麼都不替我們著想，
只想著你自己！
你有考慮做父母的心情嗎？

想到依附關係，大家直覺會聯想到是什麼呢？沒錯，多數人想到的是孩子在嬰兒時期有段時間會特別黏人。當主要照顧者消失在幼兒的視線內，小嬰兒們就會特別緊張，也會藉由大哭大叫等方式吸引主要照顧者，直到主要照顧者回來，情緒才得以平復。

在此過程中，嬰兒與主要照顧者形成依附關係，仰賴主要照顧者（依附對象）的「存在」，以及「協助調節情緒」，滿足依附需求。

在此段依附關係中，容易被忽略的是，依附關係一旦建立，影響會是雙向的──不只嬰兒會依附在主要照顧者身上，主要照顧者也會因為嬰兒離開視線而緊張，看到嬰兒的心情愉快而感到安心，想要將孩子留在身邊照顧安撫等等。

不僅如此，在孩子逐漸長大的過程中，雖然對於彼此依附的需求，會因為孩子的成長，開始有能力保護自己，或出現其他的依附對象等等因素而削弱。但依附關係仍然存在，仍然影響著我們與父母、父母與我們。想想，當孩子到外地工作或上學時，電話那頭出現他們聲音時，我們心底溫暖的感受。

因而隨著孩子的成長，彼此的依附需求會逐漸降低沒錯，卻不代表完全不需要。此時，如果又出現了另一個不利於依附滿足的因素──「不習慣，或不知道該如何表達自己

的感受與心情讓對方知道。」會使得我們在容易在依附需求
沒滿足下，引發後續的衝突。

　　而沒有說出口的原因，或許是怕對方擔心，或者是文化
因素裡的不習慣。也可能「情緒」在某些家庭裡，並不是拿
來說出口表達感受的媒介，而是達成某種目的的工具。

　　因此就在我們怎麼也接不住對方情緒的互動模式裡，
避著避著開始三緘其口。並在愈來愈疏遠的關係中，依附對
象就已經不在身旁了，我們也未能透露心情與感受讓對方知
道，兩次三次依附需求的未滿足，反而成為我們害怕失去依
附對象的未爆彈。

　　終於引爆的時刻，出現的不是「我還需要你」「我只是
想要你聽聽我說話」，反而是要對方證明還重視我們，卻會
將彼此愈推愈遠的威脅與強迫的語氣。

預期需求的衝突

需求滿足過程	認為事情不再需要探索，就可以假設結局。或認定事情只會朝「自己設定、唯一」結局的方向來走。

需求的內在衝突	因為過度認定事情只會有一種「預期結果」，因此就會在事情不是著自己預定方向來前進時感到不安、或最終結果不如「預定方向」發展時感到失望。

需求的外在衝突	要求孩子行為的發生，必須對準自己設定的結局本來就是一件不容易的事。而我們也容易將不如預期時出現的不安與失望，投射到孩子身上，甚至出現用未來的結果來綁架孩子等語句。

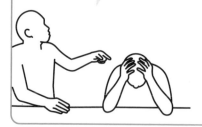

> 做就對了！我又不會害你！
> 而且將來有成就都是你的，
> 又不是我的！

面對未知的人、事、物，我們會希望能在接觸前就有所準備，不僅是生存本能，也是滿足預期需求時能帶來的價值。藉由事先預期幾種可能發生的狀況，才能知道我們要面對的是什麼，也才能防範於未然，不至於事情發生時手足無措。

　　不過，要怎麼預期可能發生的狀況呢？在毫無頭緒下，當然只能先試試看，也就是利用「探索」的方式，抓到幾條線索或方向後，再來對我們有興趣的人事物形成預期。但要形成預期，也不是都只能靠探索，「經驗法則」也是形成預期時可以用的選項。

　　也就是說，我們除了在試試看中假定可能性之外；也會參考過去有沒有發生過類似的事情，作為幫自己「朝特定方向準備」的一項依據。

　　而在還沒發生、也還不確定「結局」會是怎樣的未來事件中，「探索」與「經驗法則」，其實同等重要。

　　因為，過去的經驗雖然能減少我們探索所需的時間，快速產生「對於未來可能的想像」，但卻不能確保未來的事件總是如過去一般發生。而在一邊參考過去、一邊在探索中修正可能性之下，我們對於未來的預期才算完整。

　　不過，就在我們逐漸長大（年長？），經驗似乎愈來愈多時，我們滿足預期需求的方式，也會愈來愈仰賴經驗法

則，探索的程度也相對減少。

而在此過程中，如果人格特質屬於不喜歡變化，喜歡事情照舊，不太會選擇「嘗新」選項的人，就會偏向「用過去來認定，覺得事情只有唯一一種結局」的預期方式，滿足自己的預期需求。

當我們過度認定事情只會有一種預期結果時，就容易因事情不是朝著預期結果進行而不安，為最終結果不如預定方向發展時而失望。而當不安與失望的情緒出現時，我們也很容易將情緒歸咎在孩子身上，認為是他們的行為沒有對準設定所造成的，卻忘了其實「未來」，本來就有多種可能性。

控制需求的衝突

需求滿足過程	多以「情緒」「言語威脅」等威權專制的形式，來當作控制的手段。

需求的內在衝突	若以前述威權專制的方式來當作控制手段，孩子仍不聽話時，此時由於未達到控制的目的，我們就會需要更大的情緒強度來進行控制，反而最後失控的會是我們。

需求的外在衝突	以「極權控制」的方式來進行控制時，會帶給孩子「被強迫」「大人就是要跟我作對」等等的感受，因此也容易以「反擊」、「逃避」等反應來面對。

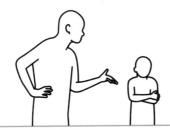

你再不聽話，
我就把你帶到警察局！

提到控制需求，最被大家詬病的，就是「用威脅的語句或情緒，將其他人壓著走」。但其實，滿足控制需求本身並沒有問題，需要調整的是用什麼方式來滿足需求。

　　因為當我們用「情緒」或「言語威脅」，作為滿足控制需求的手段時，不僅會仰賴這樣的方式來達到控制，也會在「用了，仍無法成功控制對方」的情況下，只好用更大的情緒強度，講出更偏激的言語來加強控制力道。但此時無法掌控的，不只是對方，甚至連自己也失控了！

成效需求的衝突

需求滿足過程	把「自己認定的標準」，作為衡量對方的努力或表現等，是否與我們的付出「等值」的依據。
需求的內在衝突	當我們認為自己的付出，與對方的付出不成正比時，此時我們就會覺得「不公平」而要求對方多付出一點。甚至出現「吃虧」、「沒得到回報」、「努力白費」等負面情緒感受。
需求的外在衝突	當我們的焦點只聚焦在「我都為你付出這麼多，你卻只做這樣。」時，只會帶給對方被指責與指控的感受。而面對指責與指控，孩子通常也會用「否認」、「防衛」、「忽視」等方式來回應。

我都為你付出這麼多了！
你怎麼不努力一點！

在成效需求的滿足中，衡量需求是否滿足的方式，是以付出是否獲得等價的回饋，作為需求滿足的條件。如果將回饋寄託在「別人」出現等值的表現或付出時，就容易為了滿足自己的成效需求而與他人產生衝突。

因為付出時，我們在心裡面有把「尺」，衡量對方的付出是不是成正比。但這把尺只存在於自己心裡，別人並不知道尺度範圍，更不會知道用什麼「標準」衡量彼此的表現。

最重要的，大多數的人其實也不知道自己到底要「看到什麼」，才覺得需求有被滿足。因此在說不明白、也不滿意的情況下，「指責對方不夠努力，配不上我們的付出」，似乎就成了向別人索取需求滿足的唯一選項！

自尊需求的衝突

需求滿足過程	習慣在比較中，藉由別人與自己的表現差異，來證明自己的價值。並把如是的價值獲取模式，投射到孩子身上。

需求的內在衝突	藉由與人比較，來證明自己價值的方式，不僅容易隨著不同的比較對象，而改變自己的評價高低。也容易因此在價值被貶低時，出現羞愧等負面情緒。

需求的外在衝突	當我們對孩子的表現失望而講出上面這句話時，會讓孩子有「我很糟」的情緒感受。不僅無法激勵孩子，還有可能會讓孩子覺得「在我還沒有表現得像別人一樣好之前，我都是沒有價值的人。」

別人都可以，為什麼你不行！

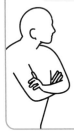

每當家長講出這句話，我試著與他們溝通可以稍微修改這句話時，通常會得到下面的回應：「老師，你誤會了，我們講出這句話，只是想激勵孩子，告訴他你也做得到，不要看輕自己而已。」

　　是的，知道大家的本意如此，但講出這句話的同時，是否意味著「因為你沒做到，所以比起別人你還不夠好」呢？

　　而在「比較」所帶來「價值被貶低」的感受之下，孩子不僅沒被激勵，通常還會因為羞愧而引發更大的情緒。此外，講出這句話的根本原因，會不會是我們已經習慣「藉由比較的方式來證明自己的價值」呢？於在「孩子表現」的比較中，去證明自己是有價值的父母——「你就是要比他好，我們才覺得光榮！」

道德需求的衝突

需求滿足過程	以自責的方式，來懲罰自己沒做到社會大眾認為父母應該做到的事情。
需求的內在衝突	我們都會審視自己的行為是否符合社會規範，但自責而非自省的方式，會讓我們過度聚焦在「過去已經發生、且無法改變的行為」上，因此就有可能出現愧疚、罪惡等負面情緒反應。
需求的外在衝突	雖然自責、貶低自我價值等情緒感受，貌似只有發生在自己身上，但其實也會影響到親子間的互動。比如因為內疚而出現過度彌補的行動、或因自責而過度焦慮等等，反而會讓自己與孩子不知所措。

我不是好媽媽/好爸爸！

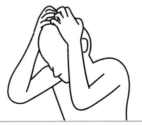

將「我不是好媽媽｜好爸爸」這句話放在這邊的原因，不是指說出這句話法就是不好的父母喔！其實會有這樣想法的前提，是因為想要修正自己的教養方式而出現的。因此，如果關照到自己出現如是的狀態需要照顧時，先鼓勵自己「當我們想要修正教養方式時，其實也在說明自己是一位想進步、相當不錯的父母了喔！」

　　不過，為何這樣的想法會跟道德需求有關係呢？就道德需求的本質而言是指為了維護社會建立及和諧之下，試著讓自己的行為符合「社會規範」的舉動。

　　至於什麼是「社會規範」呢？討論的層面可就相當的廣泛了。舉凡狹義如「明文規定的法律」，到廣義「不能讓別人有受傷的感受」等等，都是道德需求裡涵蓋的範圍。但就根本而言，都是基於「不能傷害別人」且「多數社會大眾都這麼認為」的基礎。

　　而其中，「父母該為孩子做什麼、不該做什麼」（這邊不討論虐待、拋棄等極端行為），雖然沒有明文規定，但也是社會層面的一環，也有著在此領域裡的社會規範。多數的父母也會在為了滿足道德需求之下，試著在出現不該做的事情時修正，或讓自己的教養決策符合規範。

　　由於每位父母所處的環境不同，也都有不同的文化背景，因此在不同的社會規範下，也可能會出現教養決策上的

差異。比如有些社會文化圈，認為一點糖都不能讓孩子吃；有些則覺得適時適量無妨，過度限制才是影響發展的因素。

由於社會規範有助於維護社會的建立，道德需求也幫助我們遵守社會規範，因此此處我們討論的重點，不是「父母會拿社會規範來檢視自己」。而是在「作為父母，如果做出違反社會規範竹行動，且想要修正以滿足道德需求時，是用什麼方式來修正的？」

講起來很繞口，或許用以下的圖片來說明會比較清楚。

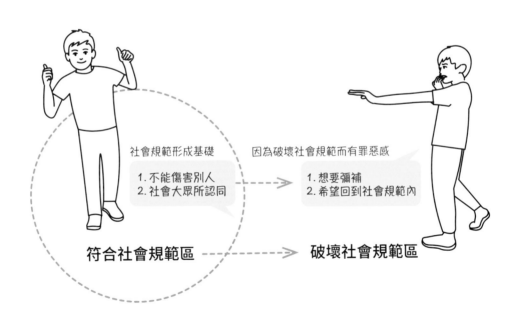

社會規範形成基礎　　　因為破壞社會規範而有罪惡感

1. 不能傷害別人　　　　1. 想要彌補
2. 社會大眾所認同　　　2. 希望回到社會規範內

符合社會規範區　——＞　**破壞社會規範區**

從圖片來看，圈圈指的是「社會規範」，形成的基礎是「不能傷害別人」以及「社會大眾所認同」。當我們不小心跨出框框時會出現「罪惡感」，意即我們會因為傷害別人而感到難過，以及為破壞社會和諧而感到緊張。

這時，我們會想要試著彌補，並試著修正自己的行為以符合社會規範，好降低罪惡感。

所以滿足道德需求的兩項條件，就是不想要有罪惡感──控制自己的行動不要破壞社會規範，以及降低罪惡感──即使破壞了，也會想要彌補或修正。

大方向如此，但每個人降低罪惡感的行為或行動，或多或少會不太一樣。比如有些人覺得道歉，就能彌補對別人的傷害，也有些人覺得一定要「對方表示原諒」罪惡感才會降低。有些人會因為罪惡感，覺得自己沒有價值，因此降低罪惡感的方式，就是自我貶低和譴責自己──「我就是不夠好，才會沒辦法做到大眾認為父母應該要做的事。」

沒有哪種降低罪惡感的方式是不被允許的，但透過自我譴責降低罪惡感的方式，會帶來自我貶低的感受，造成反芻的思考模式，引發過度彌補的防衛機制等等，因此會將此作為道德需求裡需要照顧的狀態來討論。

歸屬需求的衝突

需求滿足過程	怕提出個人意見會破壞人際關係或被排除在團體之外，因此用忍耐的方式面對人際互動中遇到的問題。

需求的內在衝突	在「我沒有意見，團體就會接納我」的想法中，迫使自己壓抑「在團體中不舒服的感受」。

需求的外在衝突	當我們用忍耐來當作維繫團體和諧的策略時，我們也會用同樣的方式來要求孩子在團體中自處，否則就是在破壞團體關係。但如是的處理方式，已經讓孩子有「委屈」的情緒感受，甚至問題也沒解決。

他又不是故意的，
你就忍耐一下吧！

通常會講出「他又不是故意的，你就忍耐一下吧！」的情境當中，的確可能不是特別急迫的事。比如孩子反應同學排隊的時候會踩到他，或聽到同學嘲笑自己的分數等等。

　　但不管急迫不急迫，在歸屬需求中，我們想與大家討論怎麼教孩子看待「在團體中，提出別人的問題」。

　　因為「提出別人的問題」似乎存在著破壞團體和諧的風險，通常我們希望即使發生事情，也能息事寧人，不影響團體的運作。但不代表都不能提出問題，也不代表只能用忍耐的方式面對人際關係裡喔！

　　當我們總是以忍耐面對人際互動中遇到的問題時，會發現即使壓抑自己「在團體裡不舒服的感受」，也無法解決問題的情況。甚至以此形式滿足歸屬需求的我們，也可能會將提出問題的人，視為破壞團體關係，反而造成後續的衝突與摩擦。

　　最後，在看完上述需要關照的需求後，有些人可能會遇到下面的狀況：「老師，這邊需要關照的點，的確我有中幾個！但對應到內在需求後，跟前面情境測驗做出來的結果不一樣耶！我到底要看哪一邊？」

　　分析結果不太一樣是有可能的，畢竟前面的情境測驗，只是用人格特質來「預測」可能會有的需求，以及需要照顧

的內在需求。但造成內在需要照顧的原因，並不只有人格特質一種，因此沒有涵蓋到其他影響因子的考量下，就有可能造成判斷的誤差。至於以哪邊為主，建議就從這章關照到的訊號，作為照顧的方向喔！

04 照顧，需要方法

　　還記得那位在第一章提到的一被我提到要照顧自己的
「控制需求」時，反應就非常大的家長嗎？

　　當時的他聽到「有控制需求很正常」的時候愣了一下，
但似乎也還無法馬上接受：「你說很正常？那你會給我什麼
建議？還不是會叫我放開點，不要限制孩子太多？！」

　　「需求都沒有滿足，怎麼放開點，只會更鬱卒吧！」我
笑著回答：「我們要來想想，怎麼滿足自己『想要控制』的
需求，卻又不會造成親子衝突。」

　　「哦？」好友的好奇心倒是完全被勾起來了，「又可以
控制，又不會吵架，有這麼好的事？」不過，我並不是為了
博取好友的信任才這麼說。

　　重點還是在於雖然照顧不同類型的內在需求，需要不同
的方法，不管是哪種方法，我們不會也不希望大家捨棄或壓
抑自己的需求。

　　因為這些需求之所以會發出「情緒」等警示訊號，就
是因為還沒有被照顧到，可何況這些需求之所以讓我們不斷

與孩子產生衝突與摩擦，只是因為我們還沒有找到平衡的方式，滿足自己的內在。

而我們將以「需求」→「動機」→「行為」此一軸線，作為貫穿此章的架構。翻成白話文就是「我需要」→「我會想」→「我會付諸行動得到想要的東西」。

因為「需求」指的是基礎心理需求，所以我們無法捨棄，也在先天驅力下，自然就會產生想要的慾望（動機）。不僅如此，「需求」與「動機」作為軸線的前兩項要素，還有一個特點，那就是它們都是在無意識間發生的，所以我們沒辦法控制它們要不要出現。

並在動機的驅使下，我們會隨之出現相對應的「行為」來滿足需求，但因為行為發生，是在意識形態下展開的，因此我們對於行為的控制程度相對高出許多，甚至可以「選擇」忍耐一下，不要讓行為出現，或在行為發生時視情況作出調整。

白話文翻譯是：「想歸想，但我不一定要做，也可以選擇怎麼做。」

作為「可控制且可調整」的要素，又是滿足需求的必要條件，「行為」即是「照顧內在需求」中，所著重且延伸的部分。總括來說照顧內在需求的「方法」，就是調整如何達成滿足的「行為」。

如何照顧依附需求

照顧依附需求的方法：情緒表達

依附需求	需求（我需要）	需要與特定的人、事、物形成連結，並藉由特定的人事物來達到情緒緩衝（獲得安全感）
	動機（我想要）	想要藉由依附對象，來達到情緒緩衝
	行為（我做出）	靠近並透露情緒給依附對象

　　在依附需求的滿足中，看來好像要「靠另一個人」，才能緩衝情緒、獲得安全感，但其實，需求是否能滿足，某一部分還是掌握在我們自己的手裡喔！

　　從上表的行為欄可知，要滿足需求，就必須「靠近並透露情緒給依附對象」。而此時就在於「如何透露」情緒給依附對象，讓依附對象知道我們是有需求的。

　　譬如說平常有需要的時候，我們就沒說出口，依附對象當然不知道我們需要協助，需求也無法被滿足。再者，與依附對象分享情緒事件時，由於對方並不是事件的當事者，因此也很難感同身受，再加上如果我們表達的方式，會讓依附對象感到不舒服的話，那就更難讓依附對象站在我們情緒的同一側了！

這些恰恰都是情緒表達的一環，也是阻礙著依附需求滿足的影響因子。因此針對「如何透露情緒給依附對象」，我們提出了一些建議，希望大家能在適切的表達方式之下，讓依附需求能平衡地被滿足喔！

● 明確地說出情緒、原因，以及需求

這個建議看似簡單，但其實並不容易做到。許多人怕麻煩別人，覺得情緒就是應該要自己解決，選擇壓抑自己的想法與感受。其實，說出情緒本來就不是要依附對象解決問題或承擔責任，更何況藉由依附對象協助調節情緒，的確就是緩解情緒的策略之一。

但有些時候，我們有將情緒說出口，卻因為表達方式不適切，反而把依附對象當作情緒發洩的對象，而不是情緒的傾聽者。因此而引發依附對象不舒服的感受，不僅無法滿足依附需求，甚至會造成彼此的衝突。

因此，照顧依附需求的第一個建議，就是不僅要明確的說出自己的感受（情緒＋情緒原因），也要讓對方知道講出來的目的，並非把他們當作情緒發洩的對象，也無意把責任丟到對方身上，而是希望對方能同理我們的情緒感受（滿足依附需求）。

至於要如何表達才能讓對方接受呢？由於每個人對於情

緒的反應、解讀都不一樣，因此除了做到明確的說出以及讓對方知道我們的需求之外，多與自己的依附對象練習看看，才能找到彼此舒服的方式喔！如果真的不知道該如何說出口，可以試試看下面較為普遍性表達的說法：「我遇到一件事，讓我心裡不太舒服。我覺得你是可以跟我聊聊的人。你可以聽完之後，抱抱我說辛苦了嗎？」

● 試著將生氣的情緒事件，轉換成可以被同理的方式表達

你知道嗎？「生氣」與「難過」所釋放的「社交訊息」完全不一樣。

當我們正在氣頭上時，表現多帶有攻擊及侵略性，會使周遭的人本能地避開。難過就不一樣了。由於難過會釋放「我很痛苦，需要被安慰」的社交訊息，因此在情緒表現的方式不具威脅性，且能引發共情的情況下，得到別人關心的機會就比較高。

當然，看到這裡你有可能會說：「我就是生氣！為什麼要說自己是難過呢？」

這裡也不是要大家假裝，而是試著在轉化對事件的感受後，再表達給依附對象知道。舉例來說，老闆當眾扔了我辛苦做的報告，而使得我有生氣的感受——「我辛辛苦苦做的報告，不接受就算了，為什麼還要當著其他人的面羞辱我！

我很生氣。」

　　或許能將上面的感受轉換成難過，再透露給依附對象知道——「整件事情中，最讓我難過的地方，是老闆沒看到我的努力。」

● 平時就要與依附對象有「情緒共享」的經驗

　　如同介紹中所說的一樣，由於依附對象並沒有經歷過我們所經歷的事件，有時候很難讓對方感同身受，再加上旁觀者清，所以即使有清楚的表達，但還是很難讓對方站在我們情緒的同一側。

　　如果發生上述的狀況也不要氣餒喔！或許在日常生活中，有與依附對象「情緒共享」的經驗，就能在我們的感受，對方也有相同的感受的情況下，增加彼此的連結，也能在與對方互相分享如何解讀情緒後，讓彼此知道下次有情緒的時候可以如何互相協助。

　　要如何創造「情緒共享」的經驗呢？可以試著在聊天中，找出彼此都有經歷過的類似事件，比如說，孩子說很怕黑，這時或許就可以分享「爸爸過去也很怕耶……」。一起看一部影片，分享影片帶來的情緒感受，也是非常推薦的方式。

　　尤其「皮克斯」的系列電影，由於劇情的安排，會讓觀

影者有無條件被包容的感受，因此拿來作為情緒共享，維繫依附關係的連結的媒介，再適合不過了！

● 增加自己情緒緩解的策略

雖然依附需求的滿足，可以當作情緒緩解的策略，但這只是我們緩解情緒的方式之一，不是唯一的方法！因此平時就可以將自己試過能夠緩解情緒的方法寫下來，在有情緒的時候，就能利用這些方式來緩解自己的情緒。也能在依附對象不在身旁時，利用這些策略。大家能想到至少五個，緩解自己情緒的方法嗎？

① 依附關係類型：找依附對象聊聊。
② 轉移注意力類型：參考 Part 2 情緒強度的建議（參考 111 頁）
③ 調節生理反應類型：參考 Part 2 儀式行為（參考 128 頁）
④ 認知行為類型：參考 Part 3 認知彈性（參考 170 頁）、以及成就感（參考 187 頁）

● 提醒自己依附是雙向的

最後一個建議，也是處在依附關係中的我們，最容易忽略的地方──「我們常常忘記，依附其實是雙向的。」因此

當對方有情緒而找我們訴苦時，或許可以試著提醒自己「雖然當情緒垃圾桶，難免會帶來壓力，但如果角色替換，變成我需要依附時，我會希望得到什麼回應呢？」當我能滿足依附對象的需求，依附對象也能滿足我的需求之下，關係才會是健康、能夠一同成長的喔！

◉ 依附需求，是雙向的

如何照顧預期需求

照顧預期需求的方法：探索與準備

預期需求	需求（我需要）	當未知的人事物出現時，我會需要了解。因為在了解後，可以讓我有所準備。
	動機（我想要）	想要對未知的人事物進行探索、獲得資訊。
	行為（我做出）	對未知的人事物進行探索，來獲得訊息。並在接觸之前，藉由預期不同的可能性讓我們有所準備。

　　雖然我們在日常生活中，不會提到「預期需求」這個生僻名詞，也不會有意識的提醒自己要有所「預期」，但其實，比起其他的需求而言，「預期需求」，可以說是最生活化的心理需求囉！

　　由於「能夠預期」這件事可以帶來許多演化上的優勢，所以在碰到未知的人事物時，我們會主動地進行探索，並藉由探索時獲得的訊息，對未知的事物形成幾種「可能性」的想像，好讓我們能夠事先準備，提升生存機率；甚至能藉此提前做出行為調整，來避開不想要的結果。

　　活在「當下」的我們來說，未來永遠是未知的！所以小至「想知道」孩子明天要不要考試、會考幾分；大到「想

像」十年二十年後孩子會做什麼工作、自己又會在哪裡等等。我們，總是在預期中生活著，在生活中預期著。

而生活中的環境總是多變，未來又都未可知，所以一旦預期需求是我們需要照顧的內在需求時，多多少少就會對生活層面造成許多影響——

舉凡從最前端，需要預期但不知道該如何做到時所產生的焦慮；再到事件走向與預期狀況不同時的不安；乃至於將自己的預期套到別人身上時容易產生的衝突，甚至因此衍伸出的失望與期待落空的議題。

這不僅僅是容易造成親子衝突的原因，也是實實在在需要去面對的課題。因此我們針對這幾點討論，並試著找出平衡的方式，照顧預期需求的內在需求喔。

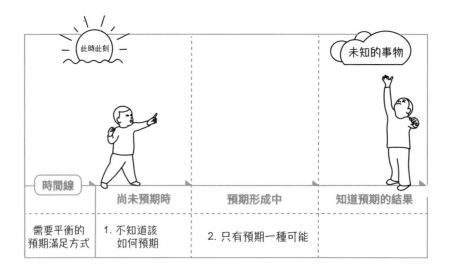

時間線	尚未預期時	預期形成中	知道預期的結果
需要平衡的 預期滿足方式	1. 不知道該 如何預期	2. 只有預期一種可能	

● 對未知狀況有所準備

　　雖然「需要預期」是基本的心理需求，也是不用學就會的本能反應，但對於「知道該如何預期」這件事來說，就沒有那麼簡單了。

　　舉例來說，如果我天生就是一位對感覺刺激相對敏感的人，不希望「一直處在需要適應新的感覺刺激」的前提下，我可能會在孩童時期就採取「盡量維持一致的行動」，以及「待在固定的環境」等等的方式，當作適應的策略（常被解讀為害羞、膽小）。雖然接觸到的刺激變少了，卻也大大地降低碰到需要處理「未知狀況」的機會，對於要如何預期這件事，也就沒有機會練習了。

沒有機會練習，因此不太會預期，不代表我們都「不會遇到改變」，或都能「走在既定的軌道上」。而當這些情況出現時，此時得不到照顧，因為預期需求尚未滿足而出現的內在需求，不僅會開始不知所措，也會不斷透過負面情緒發出警告訊號。被影響的我們，甚至還有可能會因此做出造成親子衝突的決策。

　　譬如許多家長在教養上會偏向制定「過度限制」的規定，或採取「過度保護」的舉動。對他們來說，所做出的保護與限制，看似是為了避免孩子發生意外，但其實就是因為不知道該如何「預期」所導致的。

　　其實，他們也不是喜歡限制孩子，就是但因為沒有預期，所以每當孩子的行為偏離既定軌道時，都是一次又一次的，發生在「毫無準備」之下的突發狀況。不僅家長手忙腳亂，不知道該如何預期，也將他們擺在對於未知的恐懼之中。於是將孩子拉回軌道裡的舉動（過度保護），就成了家長們避免將自己暴露在恐懼裡的代償方法，而一次次強調走在軌道裡的提醒與限制（過度限制），就成了避免碰到未知事件的防備措施。

　　「老師，知道預期需求是要照顧的內在需求，但我們還有機會學會如何預期嗎？這不是已經定型的事了嗎？」

　　「不喜歡改變」「想要維持現況」「相當守舊」或許是

看完上面描述會有的既定印象，這些也像是對「人格特質」所進行的描述，但即使如此，也並不代表不能朝著解決問題、解決衝突的方向來練習呀。

我們一樣可以是個「守舊」「喜歡維持現況」的人，但「意外」發生時，如果有機會學著、試著預期的話，那或許，在預期需求得以滿足的情況下，上述的親子衝突、負面情緒等等的狀況，都是有機會緩解的。

更何況就是因為我們已經長大了，所以在各項能力都相對成熟的時間點上，學著用不同的方法來照顧一直以來被忽略，卻影響著我們的內在需求，不僅不會來不及，或許也是相當合適的時機喔。

更重要的是雖然預期這件事聽起來很抽象，尤其還會牽扯到「不確定的未來」，但就預期需求的滿足而言，其實不是需要我們「多精準的預測未來」，而是對「對未來有所準備」喔！

因此，如果要滿足預期需求的話，就可以試著用表格中行為欄所提到的──從出現「未知事件」開始，就可以試著對未知事件進行「探索」。基於探索得到的線索來「形成可能性」。最後，在基於預期到的可能性之下，朝著「有所準備」的方向來進行。

在此架構下，還有幾點可以幫助大家較為快速地進入狀況：

表 17　滿足「預期需求」執行表

滿足「預期需求」的執行步驟
1 未知事件
在執行的第一步，通常會有的疑問是「如何察覺」。 是的，我們每天要面對這麼多事情，又怎麼知道哪一件事情是正影響著我們，需要我們滿足「預期需求」的未知事件呢？ 　　由於沒有預期（或不知道該如何預期），會讓我們暴露在「不知道該如何面對」「毫無準備」的狀態。此時，我們的反應大多與緊張相關，會讓我們處在高度警覺的情緒，如焦慮、擔心、不安、焦躁等等。 　　如果不確定從哪件事來著手的話，其實可以從日常生活中想想，哪些是每天，最容易造成我們期待落空，而需要很大的力氣來調整的「情緒事件」呢？
2 探索
會使用探索這個詞，是因為涵蓋的行為範圍很廣，因此比較不會局限住大家對於「探索」的想像，但也有可能不夠具體，所以導致不知該如著手，這時也可以把「探索」替代成「收集資訊」喔！ 　　至於如何收集資訊，舉凡上網查資料、問有過經驗的人、實際場勘、找相關的書籍等等，都是可以就事件的本質不同，而因地制宜的方法。

3 形成可能性（預期）

對於這個步驟來說，其實只要能夠察覺事件並有所探索，通常要形成預期並不是太困難，而就預期需要注意的事情，將會在下述第二點及第三點進行討論。

4 針對預期有所準備

關於「有所準備」的這個步驟，通常會遇到的問題點不是做不到，而是「被忽略」。

「怎麼可能，都已經預期了耶！怎麼可能會忽略有所準備？」

事實上，由於大家對於預期滿足的想像，常會擺在「只要我有想到未來」「只要我能想到未來」就覺得足夠了，卻忽略掉其實對於預期需求而言，最重要的事情是要有「實質上」的準備。

所以，即使能想到接下來會發生什麼事，也不要忘了提醒自己，想想要如何針對「預期到的事情」有所準備！

最後，讓我們用一個實際例子，來看看如何用上述的架構滿足預期需求。

　　這是我曾經在臨床上協助過的一位家長，一開始來到診所的原因，是因為他受不了孩子總是與他唱反調，情緒反應也都很大，造成親子之間相處衝突不斷。

　　「孩子太有主見，不知道怎麼跟他溝通。而且一被拒絕就會生氣、崩潰。想了解怎麼加強孩子情緒控管的能力。」家長在主訴單上寫著。

　　在經過詳細評估以及會談後發現，孩子有自己的想法沒錯，但他並不是沒有溝通意願、也能在清楚表達自己的想法後，彈性地調整自己的作法與其他人的意見。

　　相反的，家長似乎就有比較多的狀況了，其中一個議題就是——每當孩子提出與「過往」不同的行動想法時，家長總是以「保護與不希望孩子發生危險」為由 say no。而此時的否決，其實正源自於家長不知道該如何面對，孩子偏離「既定軌道」的行動所導致的。在一而再、再而三地拒絕下，孩子只好用更大的反抗，來試圖改變總是被限制的日常。

　　於是，在朝著解決「本質問題」的方向下，給予家長的第一個建議，不是調整孩子的情緒控制能力，而是先試著從「孩子希望有所改變的事件中，挑出一個孩子在意，而家長也還可以接受的事情。並就這個事件與孩子一起練習，如何

針對未知來進行預期與準備。

因為這個建議與家長原本的想法不同，加上又會牽扯到許多讓他「擔心」的事件，所以我們進行了非常多次的討論。最後在協同孩子一起溝通後，我們選了「騎腳車上學」這件事來作為第一步。在確定要面對的事件之後，家長與孩子也開始「騎腳踏車上學」的探索。

他們是先把所有從家裡到學校的路徑都用走的走了一遍，詢問其他一樣騎腳踏車上學同學的意見，並就這些收集到的資訊，形成以下的預期——

- ●騎腳踏車到學校大概十分鐘的路程。
- ●其中一條路徑大部分都可以騎在人行道上，即使要過馬路也都有導護阿姨在。
- ●班上同學有幾位平常可以一起騎車到學校。
- ●機率最高的危險應該是自己跌倒造成的傷害。

針對這些預期，孩子與家長的準備有：
- ●買了安全帽與護具。
- ●知會在上學路徑上會遇到的導護阿姨。
- ●做好時間規劃表。

最後，孩子則在家長陪同下，一起騎了幾次腳踏車到校後，逐漸放手讓孩子獨立完成騎車的任務。看到這裡，或許你會想問：「這樣做之後，親子衝突就解決了嗎？家長學著預期之後，就不會再出現過度限制孩子的狀況了嗎？」

現實面來說，關係裡的磨合還是需要練習機會與時間。但對於這位家長而言，這不僅僅只是答應孩子的騎車要求而已，還可以算是一次試著照顧自己需求的開始。「還有什麼，比起試著從解決衝突中察覺自己，更為寶貴的事呢？」

● 對於未來不只有預期一種可能性

當我們認定事件只會有一種可能性時，準備也只會針對如是「單一」的預期。

如果事情正如我們預期般的發生，當然也就平安無事；一旦事情的走向不如預期時，由於準備並沒有涵蓋到如是的狀況，就容易因為事情不是朝著預期結果進行而不安，或最終結果不如預定方向發展而感到失望。

「不安」與「失望」聽起來很耳熟嗎？沒錯，在教養的過程中，會有望子成龍、望女成鳳的心情是人之常情，但當我們對於孩子表現的預期，只認定「一種可能性」時，我們的世界裡，也就容不下任何的預期之外。

「怎麼沒有考一百分，不是很有把握嗎？」

「如果你這次沒有考九十分以上，少一分我就打一下！」

　　「叫你看書，你就真的只看一頁。為什麼不多讀點書呢？將來你怎麼辦？」

　　「你再不努力就完蛋了，我可沒有要養你一輩子喔！」

　　「會運動有什麼用！可以賺錢嗎？」

　　明明是我們自己無法消化的不安與失望，投射到孩子身上時，不但沒有成為激勵孩子的動力，卻成了孩子得不到認同、自我否定的開始。

　　「老師，你是說我們對孩子都不能有期待囉？」看到這裡，你有可能會想問。

　　不是的。我們不是想讓大家放棄期待，而是試著在照顧預期需求的過程，提醒自己不要只有一種可能性的預期。如此，或許能幫助我們在面對「未知」「不確定」的過程中，不至於因為預期需求而造成無法挽回的親子衝突。

　　「不要只有一種預期」這樣的建議，聽起來貌似有邏輯，但其實還是過於抽象難以下手，因此，我們也針對如是的建議提出具體執行的架構。

　　「不要只有一種預期，那該有幾種預期才夠？」

　　並就與教養相關，相對安全的預期情況來說，建議可以有以下三種的預期方向。

表 18　三種預期方向的建構

預期方向說明
——　第一種預期　—— **孩子自己探索後，形成的預期**
第一種預期也是家長們最常忽略卻最為重要的部分。 　為什麼說最為重要呢？那是因為，我們對於孩子的期待，或許是基於自己過去的經驗所形成的，但對於孩子來說，要經歷的事情是他從來沒碰過的，因此就要必要與孩子一起練習「如何藉由探索，來形成預期。」 　此外，這樣也能幫助孩子知道，如果結果不如預期時，下次該如何修正自己的準備方式，才較有可能符合預期。
——　第二種預期　—— **自己的期待**
通常這類型的預期，會跟自己的過往經驗有關。 　比如唸書吸收到的知識，幫助自己渡過在人生中許多的關卡。因此希望在孩子未來也能自己解決問題的預期下，鼓勵孩子多讀點書。
——　第三種預期　—— **容錯率的期待**
這類型的預期可以直覺想成「如果孩子出現不符合預期狀況時」，我可以怎麼做。或者，也可以針對特定的事件預想幾種「跟我預期不一樣，但孩子有可能會有如此表現」的情況。

舉例來說，就「成績」這件，最容易出現「家長期待與孩子實際表現」有所落差的狀況而言，我們可以如何形成預期呢？

- 可以就探索的幾種層面跟孩子討論，並詢問他的預期「這次的數學考試，你是怎麼準備的呢？」「這次的考試範圍，小考大概都幾分呢？」「有沒有覺得比較無法應付的單元？」「那你覺得目標可以訂幾分？」
- 提出自己的期待「就你剛剛說的，以及我的觀察，我希望這次數學可以考 95 分！」
- 最後，再同步溝通容錯率的預期「不過，我也知道只能錯一題，壓力有點大。所以可以接受的分數是 90 到 95 分之間。」

　　而當然不只是成績，只要是「即將要面對」「不確定」「未知的事件」，都可以用的架構來形成預期喔！形成預期之後，也不要忘了要針對預期作出實質上的準備喔！

如何照顧控制需求

照顧控制需求的方法：解決問題與選擇權

控制需求		
	需求（我需要）	需要事情在自己的掌控下，達到想要的結果。
	動機（我想要）	想要有選擇權，且想要選項是可以「自己」決定的。
	行為（我做出）	透過做出選擇，來讓事情朝著自己想要的方向前進。 此外，也會維護自己的意志，不容許其他人介入。

● 在控制需求的滿足中，常會遇到的狀況……

好了！已經給你看十分鐘了！再看下去就不用睡覺了。我數到三喔！一、二....

控制方的控制需求
希望事情的走向，能在自己的掌控下進行

被控制方的控制需求
不希望被限制、也想要自己掌控

不要！！！！我還沒看到想看的地方！！！

從上圖可以看到，「控制需求」之所以成為許多家庭在親子相處上的痛，就在於「想要控制」這件事，是基礎的心理需求，因此不管是孩子還是大人，都會渴望有「能夠自己掌控」的空間。但也因此在「我有我的想法」「你有你堅持的地方」的情況下，不僅生活中處處是爭奪控制權的戰場，也是許多親子衝突的引爆點。

　　而在面對「失控」的情境時，就像前面章節提到的，我們會本能的以「生氣」的情緒作為回應，並希望能在較為「侵略性」的狀態下，讓失控的人事物得以得到控制。但一旦我們「只有」情緒的方式來作為控制的手段，要不生氣就成為了我們唯一的方法；要不就需要不斷地加強情緒的強度，才能使得對方「聽話」。

　　「好了，要關電視了。」

　　「我數到三，把電視關掉。」

　　「再不關電視，等一下你就知道。」

　　「再不把電視關了，一個禮拜不能看電視。求我也沒有用！」

　　「一定要我把棍子拿出來是不是！」

　　面對孩子的失控，或想要孩子照著我們的話做，「生氣」真的是唯一的手段嗎？孩子一定要大人生氣，才會怕、才會去做事嗎？其實不是的。

不過，也因為「生氣」的反應，以及其所衍伸的威脅、強迫、威嚇等行為，實在是面對失控時最原始、也是最快的方法，因此在沒有試著練習其他方法，或知道還有其他方式可以控制孩子之前，「最快、但也最有副作用」的處理方式，就成了許多人實行掌控的唯一手段。

而要打破用生氣來控制孩子的模式，可以試著用下列的步驟來試試看，照顧自己控制需求喔！

第一步驟，其實就是我們在第二章裡提到的打破情緒循環的介紹（參考 99 頁）。

這邊也要提醒大家，不是說都不能生氣，一直告訴自己不能生氣，反而會有反效果。提醒自己生氣不是唯一的手段，以及生氣了也沒關係，只要有做出後續的情緒調節，以及針對事件想出解決方法，都是正在往前邁進的歷程喔！

●面對孩子的失控，要控制的不是行為，是背後的問題

「究竟，該如何再不發生衝突之下，既能夠滿足自己的控制需求，又能使孩子的行為在掌握中呢？」

而要回答上面的問題，就要來先釐清失控的歷程，以及真正我們需要控制的部分。

從下圖我們可以看到，失控行為的出現，一定會有其背後的原因，也就是本質問題。並在此影響下，脫序的行為一而再、再而三的發生。

並在失序行為會干擾學習、影響生活作息等等的理由下，我們會希望孩子的行為能回到「可控」的範圍內，也就

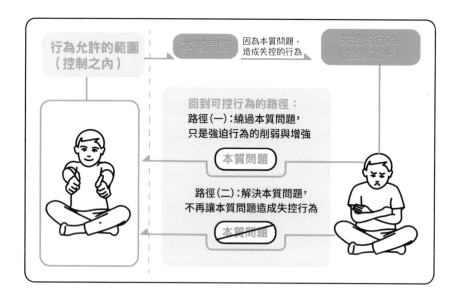

是左圖所畫的框框。而此時，重點就來了，要怎麼讓孩子回到框框內呢？

是不斷地強調孩子該做到什麼（行為增強），抑或在孩子出現脫序行為時對其進行懲罰（削弱）呢？還是針對本質問題來解決，並在本質問題得以解決之下，不再產生失控的行為呢？

就結果而言，不管是哪條路，「當下」或許都能讓孩子回到可控的行為範圍內，但就長遠來看，「只針對行為來進行處理」的模式，由於無法解除本質問題，就容易讓脫序的行為不斷地被本質問題引起，使得孩子像是總是學不會教訓似的，需要不斷地提醒與「管教」。長期下來，不僅孩子會因為「被限制」而出現反彈：我們的控制需求，也會因為孩子失控行為的反覆發生，而得不到滿足！

而這也是為什麼我們的標題會說——「面對孩子的失控，要控制的不是行為，是背後的問題」了！因為唯有朝著解決本質問題的方向前進，我們與孩子雙方，才都能得到控制的雙贏！以下就以實例說明。

譬如許多家長會制定「乖乖坐在椅子上吃飯，不要亂跑」的用餐規則。可能是希望培養餐桌禮儀，需要用餐時間能在可控的時間內完成，或是因為孩子在學校被反應無法坐在椅子上吃飯，破壞教室秩序等。

不管是基於何種考量，如果只是對孩子強調著「叫你坐好！」「背挺直！」「頭抬起來呀！」「再離開椅子，就不要吃飯！」等等的，針對「行為」而進行的處置。

有此經驗的家長一定知道，這樣的進食的過程只會是不斷地「控制」→「失控生氣」→「再試著控制」……的循環。

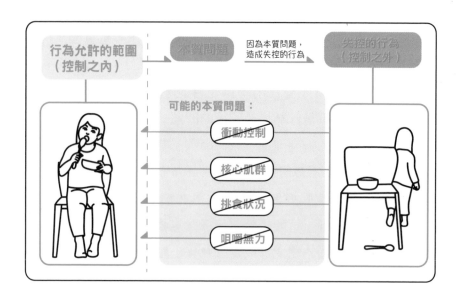

如果我們能針對本質問題來解決呢？「無法乖乖坐在椅子上吃飯、會一直亂跑」的行為而言，背後的本質問題可能是——「衝動控制不佳」「核心肌群無力」「餐桌上出現不喜歡的食物」「咀嚼肌無力」等等議題。就可從短期的代償處理以及長期的解決方向下，針對這些問題來進行「控制」。

希望得到控制的行為：在用餐時間，能夠坐在椅子上，完成用餐	
影響行為的本質問題	
—— 衝動控制不佳 —— 因為衝動控制不佳，所以無法等待， 也容易被環境中其他刺激所吸引。	
短期代償方法	**長期解決方向**
減少環境刺激：避免餐桌旁邊有玩具、避免一邊用餐一邊看電視等等。 用餐時，將用餐須完成的步驟、或流程明確的告知。將能讓孩子在知道「目標」的情況下，增加自我控制的意願。比如，明確的告訴孩子：「再吃三口飯就結束，可以去玩遊戲了！」	利用玩「輪流」的遊戲拉長等待時間、以及多用遊戲增加孩子「目標導向」行為出現的機會。

—— 核心肌群無力 ——
因為維持坐姿需要「腹肌」「背肌」等核心肌群的收縮，
因此在肌耐力不足的情況下，將影響坐姿維持的時間。
姿勢呈現駝背、東倒西歪、扭來扭去等等。

短期代償方法	長期解決方向
一定要確保孩子在坐的時候，腳可以踩得到地板，否則核心肌群無力、腳又晃來晃去，姿勢的維持會更困難。 可以選擇有扶手的椅子，讓孩子可以用手支撐上半身。	平常多與孩子進行體操、吊單槓、大熊爬等肌耐力訓練的遊戲。

—— 挑食狀況 ——
如果餐桌上有不喜歡的食物，不僅會影響進食意願、
也會拉長用餐的時間。

短期代償方法	長期解決方向
首先一定要讓孩子明確表達，是什麼食物不喜歡、以及不喜歡的原因，例如：味道不喜歡、要咬很久、口感太黏等等。因為許多孩子不是全部食材都不喜歡，但會以全部拒絕來表現。	一起找可接受、且營養成分類似的食物。 與孩子討論，如何將不喜歡的食物如何轉換成可接受的樣子。（與其他食物混合、烹調方式等等）

咀嚼肌無力	
多數孩子吃飯時間很長，多與此項目相關。 比如咬幾口肉，咀嚼肌就沒力了，且在嘴巴感覺很痠的情況下， 即使有胃口，也會需要休息一下再繼續進食。	
短期代償方法	**長期解決方向**
將食物剪成小份量。 改變進食的順序：先吃不需要咀嚼的魚肉、米飯，再來吃肉類等等。	訓練咀嚼肌：咀嚼口香糖、蒟蒻條、牛肉乾等等，都是可以訓練咀嚼肌的方式。不過過程中要注意安全。

最後，本書不是解決本質問題大全，因此無法將孩子的行為、以及背後的原因一一列出。但不管如何，在照顧自己的控制需求時，不要忘了提醒自己：「當我們希望孩子能將行為控制一定範圍裡面，孩子卻出現反覆失控的狀況時，就是需要一起釐清行為背後本質問題的時機喔！」

● 控制需求的滿足，可以從「選擇權」著手

會有最後一個建議的原因，就如同一開始圖示說明的，不只我們會有控制需求，孩子也會有！而他們的控制需求，由於正在發展自我概念的原因，就會表現在希望能展現自我、能夠基於個人意志做出決定、不希望被限制等等的表現上。

因此，要讓孩子的行為回到可控的範圍內，除了朝著本質問題前進外，有沒有給孩子「選擇權」，通常也是成功的關鍵喔！

而此時，你有可能會問說：「老師，給選擇權的意思，是都聽孩子的嗎？」

當然不是。所謂的選擇權，簡單如選項的選擇、到給孩子目標，但讓孩子自己想出完成目標的方法、再到讓孩子自己制定計畫，其實都是。

在給選擇權的過程中，只要把握好不破壞規則，不偏離目標，就不會有「愛做不做」變成選項之一的情況了。

如何照顧成效需求

照顧成效需求的方法：明確的標準

成效需求	需求（我需要）	需要自己的付出，與收穫成正比。而衡量是否成正比的方式，就是在付出後，有沒有得到等價的報酬，或在付出之下，事情能愈完美地完成愈好。
	動機（我想要）	希望做多少，就能得到多少。
	行為（我做出）	做事情前，會設定事情完成的標準，以供完成後檢視是否完美。比如沒有出錯、或是否得到等價的報酬等等。

　　如果要將親子之間發生的衝突排名的話，那「成效需求」與「控制需求」是最常見產生衝突的原因了！而會因成效與控制而與孩子產生碰撞，不外乎是因為「身為父母」，角色的重要性就不僅僅只是孩子的養育者，更是孩子在獨當一面之前的引導者。因此在想要與孩子分享我們的價值觀，培養孩子將來能夠獨立的能力，協助融入社會等等的陪伴成長下，就容易發生「我們覺得重要」但「並不是孩子想要」的情況。

　　當碰撞出現時，希望孩子的行為能在我們掌控之下的「控制需求」，以及希望在付出之後，孩子的表現在一定標準之內的「成效需求」，就成了我們與孩子相處時的課題！

▶立場的不同，是在滿足「控制需求」與「成效需求」中，
常見發生親子碰撞的原因……

不過，即使都是因為立場不同而產生衝突，在處理「控制需求」與「成效需求」上，還是有相當大的差異。其中一項就是，因為要讓孩子的行為在一定的「控制範圍」內，所以我們會明確的說出需要孩子做到什麼，或想看到什麼行為的出現，因此在控制需求上，立場是相對明確清楚的（如上圖：要做到的行為是九點要上床睡覺）。

　　但，成效需求就不一樣了，由於用什麼「標準」衡量需求是否滿足這件事，對大多數人來說，是相對模糊且抽象的，因此就很難講清楚到底要看到什麼行為的出現，更何況還會牽扯到彼此的標準不同，自己也不清楚到底想要做到「什麼程度」才會滿足等等的議題。比如不滿意孩子寫出來的國字，但也只說得出像鬼畫符，沒有說需要寫到「什麼程度」，才能滿足自己的成效需求。

因此，在照顧「成效需求」的過程中，最重要的還是釐清，知道自己是用什麼「標準」衡量付出有得到等值的回饋；以及如果回饋是建立在別人的表現上，是否有與對方溝通標準及達到成效的共識喔！

滿足成效需求的過程，會遇到的是⋯⋯

● 將標準轉化成「可測量」的方式

如何衡量成效是否滿足這件事，對於大多數人來說，是相對抽象且模糊的，我們又該怎麼讓標準「具體化」呢？事實上，試著將標準轉換成「可測量」的方式，不僅可以幫助我們釐清標準，也方便我們檢視需求滿足的程度。

這裡舉一個臨床上實際協助過的例子來說明。某位家長在一次會談中跟我求救，說自己常跟孩子在練習鋼琴這件事上起衝突，而衝突發生的原因，就在於家長總是覺得孩子練習時，不夠認真、不夠努力。

一方不斷要求，另一邊又覺得總是無法達到標準之下，不僅孩子所剩無幾的學習動機正逐漸消磨殆盡，練琴屢屢被罵的情況，也使得孩子更加排斥練習，表現更是每況愈下。

「老師，我真的希望孩子能把鋼琴學好，不希望他放棄。而且學習的過程本來是有壓力才會成長，孩子這樣是抗壓性太低嗎？」家長問。

「是有壓力才會成長沒錯。但壓力太大，反而會有反效果喔！」我說。

「老師的意思是，孩子彈鋼琴的時候，我就睜一隻眼，閉一隻眼嗎？」家長似乎不太認同。

「不是說放水到都不管他的程度喔！而是先將壓力調整到適當、可承受的狀態。」我回覆著「不然先這樣問好了，

如果我們將孩子每次練琴的表現打分數的話，1 到 100 分的層級，您覺得幾分可以接受呢？」

「以他現在的狀況，能有 60 分就不錯了！」家長說。

「好！」慶幸著分數比預期中低很多，我繼續說「那我們先來討論一下，孩子有什麼表現，可以得到什麼分數。」

表現	可以得到的分數
主動說要練習，不需要提醒	10 分
練習時間達 30 分鐘	10 分
練習過程中，不會說與練習無關的話。	10 分
每天會自己記錄練習時的分數，並報告給爸爸媽媽知道。	10 分
練習的時候，除了上廁所之外，不會離開座位	10 分
有記錄練習時遇到的問題。	10 分
練習完成時，可以說出至少一項要改進的地方	10 分
練習前，決定今天要練習的小節。練習完後，可以彈出該小節。如果沒有出錯發生可以再加 10 分。	20 分（＋ 10 分）
每次上完課後，會請老師開立學習目標。只要練習時有達到任何一項目標即可得分。	20 分
可以完整地彈完一首進度中的曲目。	30 分

於是關於練習彈琴的部分，有了左頁的分數表：

在討論出分數表後，家長看了，竟然說出讓我意想不到的話：「其實，要達到 60 分也是不簡單！」

我說：「對呀！但其實打分數是其次，最重要的，還是讓孩子知道，即使是要求，也會有明確、可以遵循的方向。我們也會在孩子的表現達標時，看到他們的努力。」

在這個例子中，分數即是將衡量成效的方式轉換成「可測量」的標準，不僅家長能清楚的知道自己要看到的是什麼。孩子也能在明確的標準下，知道就算會有要求，也不是無限上綱或只有大人說了算，壓力在「知道該如何面對」的情況下，就能控制在可掌握的範圍了。

當然，列出分數只是轉換成「可測量」的一種方法而已，出錯率（或正確率）、時間（或完成期限）、次數等等，也都是可以參考的方向喔！

● 溝通標準與形成共識

而除了將衡量成效的方式轉換成「可測量」的標準之外，在親子相處的過程中，由於我們衡量成效是否滿足的方式，常常取決於孩子的表現，因此在做事情之前，先進行溝通且取得對於「標準」的共識，就十分重要喔！

舉常見發生親子衝突的事件——「寫國字」為例，常常父母請孩子擦掉國字重寫的原因是：「醜死了！」「寫這樣能看嗎？」「國字寫得歪七扭八的，可以寫漂亮一點嗎！」

這些原本是想鞭策孩子進行修正的話語，不僅沒有達到激勵的效果，反而在說出口後，成了衝突的導火線。

也有些家長會問：「叫孩子擦掉再寫一遍，是不是就會打擊孩子的自信心？」「我也不想當橡皮擦家長，但他寫出來的字就真的像鬼畫符啊！」

在這些衝突與疑惑中，其實並不是都不能請孩子修正，也不是孩子字寫得不好看就只能放水流，重點還是在於，如果我們希望孩子寫出的字符合標準，且「字漂不漂亮」是為我們重視的「成效需求」時，我們，有沒有先將「衡量的標準」與孩子溝通清楚。

此外如果在檢查功課時，我們只是以「不美」「醜」「歪七扭八」等等的方式進行指正，不僅「對於美醜的判斷」見仁見智，孩子也會在在這些「模糊且負面」的字眼

下，覺得自我價值被貶低。

　　而如果我們能先將衡量的標準與孩子溝通清楚：「在你寫的過程中，我都不會叫你擦掉，也不會在旁邊一直盯著你看。但寫完後，我會用下面這三件事情當作檢查的標準，如果有字沒有達到標準，還是會請你擦掉重寫喔！這三個標準就是：一，字不能超出框框、二，筆順要正確、三，不能有錯字。」

　　如此，不僅標準明確且可被審視，且能避免「每個人標準不一」的情況，孩子也會知道「原來叫我擦掉重寫，並不是因為我沒有價值，只是沒達到標準，只要進行修正就可以了。」

● 除了訂定明確標準，也要衡量能力

延續前面寫國字的議題。

當然，對於許多家長而言，即使寫出來的字體符合：

一，字不能超出框框。

二，筆順要正確。

三，不能有錯字。

也談不上「漂亮」，但對於剛學寫字的孩子來說，要做到這三件事，就需要付出相當的精力了，更何況學習又不只把字寫好看這件事而已！因此，不要忘了，在釐清標準的時候，也不要忘了衡量「能力」這項因素喔！

而就寫字這件事而言，就不是「想寫好看就能寫得好看」，還會牽扯到「手眼協調」「小肌肉的發展」「視知覺（尤其空間規劃）能力」「注意力」「自我控制」「字體熟悉度」等等的能力，因此制定出隨著能力而調整的標準，就很重要囉！

以下是我通常在「寫國字」這件事上，會建議的階段性標準：

第一階段	第二階段	第三階段
1. 字不能超出框框	1. 字體比例正確（以範例字體為準）	能做到前兩項目標，且能在時限內完成。
2. 筆順要正確		
3. 不能有錯字	2. 部首、部件位置安排適當	

　　最後，雖然本書舉的例子還是以「家長與孩子」的角度為考量，但不代表需要照顧「成效需求」的時刻，只會發生在與孩子相處的過程。事實上，不管是工作領域、還是與人相處上，都會有「成效需求」需要被滿足的時刻。

　　對於自己的表現怎樣都不滿意、焦慮自己的表現不夠完美時，或許可以先試著停下來，問問自己：「衡量成效的標準，夠不夠明確呢？」「如果成效會牽扯到其他人，那標準是否有共識呢？」「如果一直沒辦法達到標準，是不是還需要建立什麼能力呢？」

如何照顧自尊需求

照顧自尊需求的方法：啟動自我評估

自尊需求	需求（我需要）	需要證明、且知道自己是有價值的。
	動機（我想要）	想要維護自己的價值（得到稱讚），不希望被貶低價值。
	行為（我做出）	盡量做出會被稱讚的行為，而如果被貶低價值時，會選擇反擊或逃避來維護自我價值。

一提到自尊心，大家會聯想到什麼呢？

是「自尊心是什麼，可以吃嗎？」

還是「你自尊心太高了吧！一點批評都接受不了？」

抑或是「放下無謂的自尊吧！面子又不能當飯吃！」

而不管是何種描述，在這些常見與自尊心有關的看法中，似乎暗示著自尊心沒有必要，而如果維護自尊，就會出現「死要面子」「拉不下臉」等等的情況。但，真的是這樣嗎？

事實上，以「自尊」指的是「一個人對於自己『自我價值』的綜合判斷」，自尊不但不是沒必要，甚至我會說，「我們，是非常需要自尊的喔！」

光是以「覺得自己沒有價值」「找不到個人價值」「不知道該怎麼證明個人價值」這幾點來思考，就能知道「自

尊」對我們來說，有多重要。更不用說有許多研究證實，如果一個人長期處於低自尊的狀態，會對情緒及行為產生相當負面的影響，包括較高的焦慮程度、增加憂鬱的風險，以及容易產生衝突的人際關係！

為什麼還會有上述貌似「維護自尊」沒有必要的觀點呢？（而且還好像很有道理？）

這也是我們在這裡討論，如何以平衡的方式照顧「自尊需求」的原因。

因為一旦我們以相對不平衡的方式滿足自尊需求，或不知道該如何照顧自尊需求時，就容易因此產生延伸的議題，使得自尊需求成為需要照顧的內在需求喔！

有哪些不平衡的方式需要修正呢？就從第一點——「啟動自我評估」開始吧！

● 平衡自我評估與社會回饋

首先，我們先來討論一下「自我價值」是什麼。

所謂的自我價值，指的是我們如何對「自我特徵、自我能力，在特定領域裡的表現」等等的面向進行評價。比如特徵裡的身高——「我的身高，比多數人都要高」；能力——「我的手很巧，能夠做出很多手工藝品」等等。

之所以能夠評價這些自我價值，主要是靠兩大來源來進

行評估，分別是下圖裡的「自我評估」與「社會回饋」。

▶ 評估「自我價值」的兩大來源……

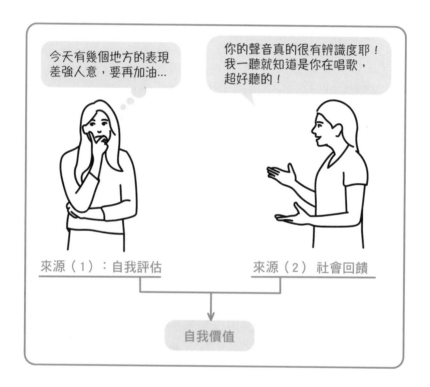

當我們在眾人面前表演了一首歌，判斷自己表現得好不好，就可能來自於：

（一）「自我評估」——「我剛剛唱的這首歌，都沒有走音，而且高音都唱上去了呢！唱得好極了。」

（二）「社會回饋」——「好幾個人被我唱到眼眶泛紅，他們過來稱讚我唱的很棒、很投入」等等。

「綜合」這兩項評估得到的結果，得到我們在唱歌此件事上的自我價值：「我的歌聲，尤其是唱這首歌的時候，很能夠感染其他人」。

而不只是唱歌而已，只要是「自我」有關的評估，都會藉由此兩項系統，判斷我們在「特徵」「能力」「表現」裡的價值。並在「自我評估與社會回饋」的幫助下，完成自我價值的評估與建立。

但，也許是因為不習慣啟動自我評估的關係，抑或是在成長過程中，長輩們的教養方式多以「給出社會回饋」為主，而沒有帶著孩子練習如何自我評估，因此許多人建立「自我價值」的方式，就會過於仰賴社會回饋、或把社會回饋當作唯一建立自我價值的來源。這會造成什麼影響呢？

首先，由於沒有啟動自我評估的關係，因此可想而知的是，我們的自我價值就會特別的「浮動」，只要有人稱讚你工作能力很棒，就開心一整天，覺得自己很有價值；但一旦

有人回饋你工作態度很糟糕、事情都做不好，就會被拉到谷底，覺得自己一無是處。

除此之外，當我們卻只靠社會回饋當作自我價值來源的情況下，我們的注意力也都會全部擺放在「社會回饋」如何，別人覺得怎麼樣的訊息上。此時，過度在意別人想法，一味地想要取悅別人，被不好就崩潰或反應很大（最容易因此被詬病，自尊心不重要的原因），就成了不平衡滿足自尊需求時，所延伸的議題了！

正因為源頭是因為用「不平衡」的方式，滿足我們的自尊需求，因此解決的辦法，就不是告訴自己自尊心不重要，而是回到架構中，從試著啟動「自我評估」開始，才能平衡地評估自我價值。至於要如何啟動自我評估，其實初步作法很簡單，只要在做完事情時、或完成任務後，先問自己：「剛剛發生的事，我哪邊做得很好。」

藉由「自我察覺」啟動的自我評估，就會從剛剛的事件中，找到自己認為「與自己有關，表現不錯的部分」。而如果覺得在過程中不太容易找到，可以試著從「自己設定的目標是否完成？」「跟上一次比起來，這次有哪邊進步了？」「這次的事件是靠著哪項能力完成的？」等等的方向著手。

當然，如果要完整地完成自我評估，還可以在評估出正向價值後，試著問自己：「還有哪邊需要改進呢？」

● 建立自我價值的交集

◎ 建立自我價值的交集

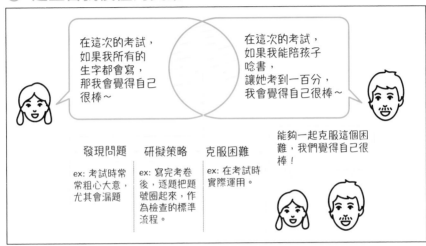

　　常見因為「自尊需求」而產生的親子衝突的其中一種狀況：「把自我認定重要的價值，投射到孩子身上。」

　　「考九十分有什麼用，一定要考一百分才可以！」——把孩子的成績、得分當作「身為家長」自我價值的來源。

　　「田徑比賽第一名有什麼用，會讀書才會有出息！」——強迫把「孩子會讀書」當作建立自我價值的方式。

　　「你看！別人都會幫爸媽做家事，叫你洗個碗在那邊唉

唉叫！」——認為主動幫忙，才是有價值的行為。

舉出這些例子，並不是說不能把「成績」「喜歡讀書」「主動做家事」當作建立自我價值的方式。只要是「不同個體」的相處，就一定會出現彼此認定「自我價值」有所差異的情況。

既然不同的價值觀一定會出現，我們也難免會將自我價值投射到孩子身上，所以衝突就無法避免了嗎？還是要不斷地催眠自己：「這是我覺得有價值的事情，不是孩子要的，不要逼他，讓孩子活出自己的人生！」（如果這樣的提醒有用的話，我們就不用在這邊討論了。）

事實上，要避免因為價值觀的碰撞而發生衝突，最好的做法，不是壓抑或否定彼此「認定重要的價值」，而是試著讓自我價值產生交集！而產生交集最好的方式，就是建立「一致可以認同」的價值來源，比如「克服困難」！

比如說，在考試這件事情上，孩子認為的目標是：「生字都沒有寫錯」，因此自我價值的建立，就來自於「生字都沒寫錯的自己很厲害」。

至於家長呢？目標可能是「在我的協助下，孩子能夠考一百分」，因此認定的價值，就來自於「孩子考試考滿分」這件事情上。

重點來了，除了「告知彼此自己看重的價值來源」外，

還要再加上一項讓自我價值產生交集的方式，也就是前述的「克服困難」！

譬如說如果困難是「不太熟悉常做錯的題型」，那麼這次考試中還有一項共同價值或許就來自於「搞懂不熟悉的題型」；又或者遇到的狀況如「背不太起來常忘記的單字」，那麼價值或許就可以建立在「挑出不好背的單字，然後想辦法背起來」等等。

並就在「釐清問題」「想出解決策略」「克服困難」的引導下，成功克服困難，即可以當作自我價值的來源。

一旦開始建立克服困難所帶來的自我價值，好處就不僅僅在能讓價值有交集，克服困難所帶來的成就感，就成了下次再次建立自我價值的動力。最終帶給孩子的，就不再是讓孩子活在別人的自我價值下，而是告訴他：「之後，不管你認不認同我，不管你喜歡做的是什麼事，克服困難，能帶著你往前走。」

如何照顧道德需求

照顧道德需求的方法：彌補與行為修正

道德需求	需求（我需要）	為了維護社會的建立及和諧，所以需要自己的行為符合「社會規範」，如不會傷害別人，或不影響社會關係。
	動機（我想要）	想要不被社會孤立，希望能維護人與人之間的關係。
	行為（我做出）	做出傷害別人的行動時，會想要彌補、或做出不影響關係的決策。

　　由於道德議題涵蓋的範圍實在是太廣了，不乏有許多與內在需求有關的內容。因此，本書僅選定一項與家長角色最有關的道德需求議題來作為介紹的主軸，但不代表道德需求只有此項目需要注意喔！

　　這項議題即是「如果在育兒的過程中，我們的行動違背了想遵循的社會規範，因此產生罪惡感，出現需要照顧的道德需求時，該如何平衡滿足此項需求呢？」

　　要回答這個問題，就要從「羞愧感」與「罪惡感」開始講起了。

● 區分羞愧感與罪惡感

◉ 羞愧 vs 罪惡

| 1 情境:被貶低價值 | 2 情緒:羞愧 | 3 行動:攻擊 or 逃避 |

| 1 情境:破壞社會規範 | 2 情緒:罪惡感 | 3 行動:修正 or 彌補 |

「羞愧？罪惡？不是一樣的情緒感受嗎」

事實上，雖然羞愧與罪惡都屬於「社會情緒」的範疇，平常也容易有混淆與混用的情況，但就引發羞愧與罪惡感的「情境」，以及後續的「行動決策」而言，這是兩個截然不同的情緒反應喔！

從心理狀態的角度來說，誘發羞愧的情境，是因為遇到「個人價值被貶低」的情況（與自尊相關），而因此產生的羞愧感，則會讓我們做出「反擊或逃避」等等的行動；另一方面，罪惡感則是因為「違反社會規範」而引發，行動決策則是進行彌補，或做出行為修正。

既然誘發的情境不一樣，為何還要釐清罪惡感與羞愧感呢？對我們照顧道德需求，又有什麼幫助呢？

在許多傳統的教養方式中，大人們在面對孩子「做錯事」時的處理方式，會希望孩子在「狠狠地痛過一次」之下記取教訓，不要再出錯；或基於要讓孩子「知恥」的前提，而進行許多「訓誡式引導」。但，如是的處理方式，雖然告知了孩子「錯在哪裡」，但其實也是在「貶低孩子的價值」，而讓孩子覺得自己很糟，以及因為「自己的不好」而羞愧。

「你再繼續叫啊！你看大家都在看你了，羞羞臉！」

「你到底要被寫幾次聯絡簿啊！你知不知道，我的臉都

被你丟光了。」

「你的腦袋是裝石頭嗎？這種事不能做你怎麼會不知道！」

「你是真的笨，還是聽不懂啊！我都跟你說幾次了，上課不能講話就是不能講話。」

「天啊！你怎麼變得這麼壞！現在就會對爸爸媽媽說謊，以後怎麼還得了！」

雖然我真的不鼓勵這樣責罵孩子，但孩子的確有可能在不想被羞辱（或不想再有羞愧感）的情況下，會避免做出「被貶低價值」的行為，因此好像在罵過之後會比較乖一點。

但大家不要忘了，孩子的貌似聽話，其實只是基於「逃避」而做出的決策而已，並不是真的知道錯在哪邊而進行行為修正，這是其一。

其二，也是此處討論的重點，就是明明是建立道德基礎的情境，因此在破壞規則（規則之後會發展成社會規範）時，應該是基於「罪惡感」而進行的行為修正，卻在大人的「訓斥」下，反而產生了羞愧感。

而一旦如是的教養模式反覆發生，成了「做錯事」時的成長背景，往後我們面對自己「出錯」，或遇到自己「行為需要修正」的情境時，不自覺出現的反應就會是「天啊！我怎麼糟！」「我好沒用，怎麼會出錯」等等的羞愧情緒，甚至因此伴隨自責與自我價值貶低。這不僅無法「解除」問

題，還有可能讓我們把精力耗在懊悔當中，更加沒有動力去進行修正。而這也是一開始跟大家討論「羞愧」與「罪惡」的原因。

比如社會風氣普遍認為讓孩子吃糖不好，因此形成「不要讓孩子吃糖，不然會影響他們的發展。因此作為父母，該為孩子把關吃的食物。」的社會規範，認為此社會規範需要遵守的父母，就會因此特別注意及遵從。不小心讓孩子吃到含糖的食物時，會因為違反了社會規範而開始緊張，以及因為有可能影響到孩子而難過。

此時，如果我們的情緒反應是羞愧呢？

「天啊！我不配當父母！」

「我怎麼會讓孩子吃到糖！！我不是個好爸爸好媽媽。」

「我真的糟透了，怎麼沒有發現食物裡面有糖？」

隨著自我價值貶低啟動的羞愧情緒路徑，不僅對於已經發生的事情於事無補，我們，也只是以貶低自己的方式來懲罰自己而已，不僅會增加自己的情緒負擔，還有可能讓我們走入自我譴責的牢籠之中。但，如果我們在違反社會規範時，能以照顧「道德需求」為考量呢？

● 面對罪惡感的方式：彌補與行為修正

接續上面的介紹，「違反社會規範」時，我們會因為傷害別人而感到難過，以及因為破壞社會和諧而感到緊張。因此，較為平衡照顧道德需求的方式，即是「彌補」在違背社會規範時，對別人所造成的傷害、以及「修正」自己的行為，好讓自己再次回到社會規範當中。

- 社會規範 —— 不要讓孩子吃到糖，不然會影響他們的發展。因此作為父母，就該為孩子把關吃的食物。
- 彌補 —— 與孩子溝通吃糖對身體的影響可能會造成蛀牙，以及血糖上升對大腦產生影響。因此彌補的方式是刷牙，帶著孩子做適量的運動，將糖代謝掉。
- 修正 —— 自己料理食物或與孩子一起烹飪，就能把關好食材。

當然，要強調的是，這邊的「吃糖」只是舉例，說明違反自己認同的社會規範時，相對平衡照顧道德需求的方式，不是要大家嚴格遵循不能吃糖這件事。事實上，與糖有關的

議題還有糖的種類與來源，糖果裡的食品添加物，是否適量與過度限制帶來的衝突等等，都值得討論，也無法用「就是不能吃糖」一言蔽之！

●「彌補」是彌補破壞規範時對孩子造成的影響，而不是一味的迎合孩子

　　許多家長在滿足道德需求時會做出彌補的動作，但不是彌補破壞規範時對孩子造成的影響，只是在罪惡感的驅使下，一味的迎合孩子，因此反而衍伸其他的問題。

　　舉例來說，許多家長會因為忙於工作的關係，回家的時間孩子也都睡了，喪失了與孩子相處的親子時光。違反社會規範中的「父母應該要陪伴孩子，才能建立健康的親子連結」，因此覺得罪惡、對不起孩子。

　　此時，如果彌補的方式，只是為了減輕自己的罪惡感，而在孩子央求「我就是要買電動」時答應。不僅與孩子之間的「規則建立」，會因此變得模糊，我們也會漸漸習慣「反正我有買玩具給他，這樣就好」等等自我欺騙的想法。

　　而要避免上述狀況的出現，建議從彌補破壞規範時對孩子造成的影響下手，而不是一味的迎合孩子。

　　比如說，沒有陪伴到孩子，可能讓孩子覺得孤單或難過，此時最好的方式，即是詢問孩子的感受，並讓孩子知道

我們能感同身受他的情緒，並針對行為道歉「對不起，晚上比較晚回家，讓你難過了」。

　　或許，也可以進一步約定好相處的時光，作為修正行為的方式：「雖然爸爸最近比較忙，需要留在公司，但我們可以在睡前通個電話，你也可以在電話中選一本你喜歡的繪本，我會唸給你聽。」

如何照顧歸屬需求

照顧歸屬需求的方法：規則與協商技巧

歸屬需求	需求（我需要）	不希望被社會孤立，因此需要自己是團體的一分子，有團體的身分。
	動機（我想要）	想要被視為團體的一分子。
	行為（我做出）	參與團體活動，或在某個類群內與其他人有共同目標。

一聊到歸屬需求，就想到某次會談時與家長的對話。

「老師，孩子真的很會記仇。不過是一點小事而已，為什麼不能忍一下？！」孩子的媽媽用無法理解的口氣說著。

而孩子讓她無法理解的事件及原因是這樣的。

班上大概每三個月會舉辦一次同樂會，讓孩子們帶自己喜歡的食物到學校與其他同學分享，也希望藉由一些團康活動促進同學間彼此活絡的氣氛。孩子對於能吃到平常「不太能」接觸的零食感到期待及興奮。

某次同樂會結束後，孩子怒氣沖沖地回到家告狀。

「媽，你知道嗎？王同學沒有經過我的允許，就把我的餅乾拿去吃！」

「什麼！他把餅乾全部吃掉了嗎？」媽媽驚訝地說著。

「沒有！他就只拿一塊而已。」

「喔喔喔！那還好吧！而且王同學不是你的好朋友嗎？讓他吃一塊會怎樣？」孩子的媽媽回應。

「不是啊！他怎麼可以沒有經過允許就拿走我的東西！」聽得出來孩子憤怒指數完全沒下降。

「你就想反正會分給大家吃，他只是先拿走而已。不然你要他吐出來給你嗎？」

而親子間的互動，也從家長「這只是一件小事而已，不能就此放過嗎？」的表示裡愈演愈烈，變成母子冷戰的大事，以至於會談時家長依然氣噗噗地說著。

「老師，我只是想要告訴他退一步海闊天空，不用事事與人起爭執，這樣也不行嗎？」

了解事件的前因後果後，我說：「當然沒問題呀！只是孩子會想要找您訴苦，就是希望您站在他這邊，所以如果一開始我們就持反對的立場，孩子在感受無法被理解，又得不到支持的情況下，要跟他說什麼當然會聽不進去。」

「所以老師的意思是，就是要支持他對同學生氣，破壞他跟好朋友之間的關係？」孩子的媽媽似乎一點都無法苟同。而雖然家長與我還沒達成處理上的共識，但孩子的媽媽講的這句話，倒是讓我知道癥結點在哪裡——「孩子的家長覺得，這件事如果要解決，就會造成人際關係間的緊張，且

唯一的走向就是與好朋友撕破臉，不能再當朋友。」

　　於是我說：「我知道您很擔心孩子的社交互動，好不容易交到朋友，不想孩子因為一點小事就破壞友誼。不過，其實我覺得這正是一個練習社交技巧的絕佳機會耶！讓孩子試著想想，怎麼不破壞人際關係，也能解決不喜歡同學擅自拿走自己的食物這件事。」

　　「不破壞人際關係，也能解決不喜歡同學擅自拿走自己食物這件事……」孩子的媽媽若有所思的說著，一面徵詢著我的意見。

　　而我也從同理開始聊起，到討論「什麼樣的感受表達，不會引起對方的反彈」，再到如何與同伴協商，說好互動時彼此在意的界線與規則。而讓我印象最深刻的事情是，在討論結束後孩子的媽媽跟我說的一句話：「老師，我覺得，我自己在跟其他人相處上好像也有同樣的狀況……」

　　是的，而這也是我們在歸屬需求的議題裡，想跟大家討論的狀況。

　　「歸屬需求」的滿足，從定義上來看，講的是「不想被社會孤立，因此渴望與其他人有所連結，希望自己是團體內的一分子」，而就實際情況而言，考驗的則是我們是否能融入團體、以及在團體中「維繫團體和諧」的能力。

　　若以此為觀點切入，由於大人們都已「社會化」多年，

因此在經歷需要維護多個團體角色身分之下，一定會發展出一套屬於自己「維護團體和諧」的方式。也因此在講起「融入團體」這件事時，對於大多數的大人來說，或許不會是個問題，也有著自己的見解與習氣。

但習慣歸習慣，大家不要忘了，在基礎需求滿足的過程中，挑戰就不僅僅只是「需求是否被滿足」而已，還在於使用的方或決策是否能「平衡地」滿足需求，而不至於衍生出其他議題或造成節外生枝的情緒。

就像上述例子中的母親，可能因為過去也被如是教導，因此滿足歸屬需求的方式，就是在團體中隱忍讓自己不舒服的狀況。由此看來，貌似「表面上」維護了團體和諧，自己也能繼續待在團體與其他人交流，但實際上，不僅實際問題沒有解決，長期的忍耐及壓抑，也在要獨自消化這些負面感受的同時，衍生出其他的問題。

不過，由於大人們已經習慣了自己的社交方式，因此要用「自我察覺」，來檢視是否有「不平衡」的地方較為困難，因此或許當我們給孩子「與人相處」上的建議時，可以作為自我檢視的時刻喔！

以下用「當我們引導孩子滿足歸屬需求時，常見的一些狀況」作為討論的主軸，一面從教養的角度出發，一面也將孩子遇到的事件當作鏡子，試著調整自己在滿足歸屬需求

中，照顧內在需求的方式。

● 進入團體前可以先確定規則

　　第一個我們要討論的議題，就是有許多情況，我們不知道「是不是大到需要我們講出來」「還是忍忍就好」，怕講了會讓大家覺得自己小題大作，過於玻璃心，但不講又覺得如鯁在喉，自己也仍為著某些情況不舒服著。

　　其實「只要是相處上的不舒服，都可以講出來沒關係！」就像前面故事中說的，即使是小事，一定也有「能夠表達自己感受，但也不至於破壞人際關係的表達方式。」

　　例如，進入團體前可以先確定團體規則，在有明確規則的情況下，如果遇到了「違反了團體規則而造成自己的不舒服」，就是需要「講出來」的時機了！

　　比如孩子班上的班規明明寫著「當過一次班長，就不能再當」，老師卻因為方便的關係，讓上一任的班長繼續連任，使得孩子失去競選班長的機會，孩子也因為此事覺得很難過，就是可以試著就規則而與老師溝通的時機。

　　至於沒有規則可供討論的時候呢？或許可以參考下面，讓孩子練習如何協商。

● 協商技巧的討論

所謂的協商為何呢？其實我們前面討論的「溝通方式」（請參考 118 頁），就是協商的一部分喔！礙於篇幅考量，在這裡就不再重複討論了。但就「溝通＝表達想法＋提出解決策略」而言，還是有一些小技巧可以跟大家分享。

① 表達想法的小技巧：以不貶低對方價值為原則

在與人互動的過程當中，最容易造成彼此衝突的狀況，就是一方基於「我對我有理，你錯你罪該萬死」，因而講出的話要不意圖使對方蒙羞，就是不給對方台階下的理直氣壯。

先不說對錯，因為常常只是因為立場不同而已。但讓對方感到「羞愧」的表達方式，要不引發「戰鬥」（好啊！來吵架啊！），要不使得對方「逃跑」（你好可怕，無法跟你相處）。

因此，建議表達感受時，試著修正自己的表達方式，並以「不貶低對方價值」為前提，不引發對方的羞愧感之下，說出自己的感受或想法。

比如上述沒經過允許就拿走餅乾的故事：

「你這個小偷！怎麼沒經過我同意就拿我的東西！」
（✕）

「你是我的好朋友，我有特別留餅乾給你。所以下次你可不可以先問我，讓我拿給你？」（○）

②解決問題的方向：互惠原則

「你是哥哥，應該要讓妹妹啊！」

「算了啦！我們大人有大量，不要跟他計較。」

「你就犧牲一下，又不會少一塊肉！」

不知道大家有沒有聽過，或被「告誡」要用如是委曲求全的方式來換取人與人之間的和平相處呢？而作為被要求犧牲的一方，我們又能忍耐多少次的退一步海闊天空？內心又要波濤洶湧地承受多少次的忍一時風平浪靜？

當然，提出這個討論議題，並不是要大家一吃虧就義正嚴詞憤恨不平地到處理論，不忍耐的反面，也不是時刻劍拔弩張，而是試著在平衡人與人「互相」的關係下，思考「有沒有什麼方式，是不需要一方完全的犧牲，來換取關係的持續？」

答案絕對是有的，只是在找方向的過程中會花許多時間。更不用說，對於各方面都相對沒經驗的孩子而言，更

是需要花時間引導。而引導的方向即是標題所寫「互惠原則」——「在關係的相處中,不會只有一方的損失。且雙方從互動過程中獲得的回饋,不一定是實質上的(比如金錢),也有可能是精神層面的獲得。」

舉例來說,以家庭為最基本的團體運作而言,手足之間的議題,就是讓孩子們試著以「互惠的角度」練習人際互動的最佳機會。

譬如兄弟吵架了,吵架的原因是因為弟弟一直來煩哥哥,希望哥哥能夠一起玩,但哥哥也有想自己玩的玩具,也因此衝突常常在「拒絕與干擾」的互動下一觸即發。

此時,如果我們的處理方式是:「你是哥哥啊!弟弟還不懂事,你就陪他玩玩會怎樣?!」當然,有些「聽話」的哥哥或許會照做,但一次兩次下來,往往會造成後續更難處理的「大爆發」,更不用說無法練習到協商與互惠策略的機會。

而如果我們能以「互惠原則」的方式來進行引導呢?

首先,可以先進行同理:「弟弟一直吵你,讓你不能玩玩具,要是我也會覺得很煩、有點生氣。」

接著,再以「互惠原則,維持資源的中立」引導孩子。

- 釐清問題——「不過,你也試過了,如果只是生氣吼回去,不只弟弟會繼續哭鬧。你也無法繼續開心玩你的玩具對不對?」
- 引導解決問題——「那可以怎麼辦呢?」
- 解決策略——「我這邊有個方法,我們一起來試試看好嗎?或許你可以先跟弟弟說,讓他挑一個玩具,哥哥會陪你玩。但玩完之後,哥哥也有想自己玩的時間,就請你不要吵我。」

當然,上述的方式及策略有可能不會一次就成功,但讓孩子試著以「互惠」的方式來思考解決策略,就會是引導及練習的重點。

更重要的是,即使將來事情是發生在家裡以外的環境,比如學校與同學、才藝班與同伴。孩子也會因為有過經驗,更能知道該如何面對,也知道「原來我不用完全犧牲自己,也能與其他人和平相處」。

● 歸屬需求需要的不是「互相比較」,而是「被接納」

在許多研究中發現,當孩子在學習過程中,如果能夠有「學習夥伴」的話,孩子的學習動機會增加,成效也會較

佳。學習動機及成效之所以能夠增加的原因，則多與「歸屬需求」被滿足有關。

在學習的過程中，因為「學習目標」相同的關係，使得夥伴們彼此連結，對於目標的認同感，也在「彼此接納」、歸屬需求能夠滿足之下，成為努力的動力來源。

問題來了，許多家長會問：「老師，沒有啊！我幫孩子報名團體班，小孩在團體中表現更差。還會吵著不要跟大家一起，怎麼會這樣呢？」

或許癥結點就來自於「不是把孩子塞進團體裡，歸屬需求就能被滿足。而是要讓孩子在團體裡有被接納、被視為團體的一分子，才能成為孩子隨著團體一同前進的動力。」

而破壞孩子在團體中「被接納」感受的元兇，或許就來自於家長們意圖激勵的比較話語：「你看大家都做得到，有些還比你小，是不是要再努力一點！」

此時，就像我們在自尊需求中討論過的，由於比較會帶來「價值被貶低」感受，因此不說被貶低所衍生的挫折議題，更何況還要讓孩子覺得自己在團體中是被接納的。因此，如果想藉由有學習夥伴，或在團體的參與感之下，激勵孩子或提升孩子的學習動機，就不要忘了，「歸屬需求」的滿足，不是來自於「互相比較」，而是「被接納」喔！

不過，我知道只要是有他人在的場合，就很難不出現

「互相比較」的狀況，但不要忘了，我們的注意力，是可以被「導向」的！尤其孩子們在非常重視父母的回饋之下，我們的言語，絕對會成為決定性的關鍵。

舉孩子剛加入桌球社為例子——

「你看大家都很厲害，你也要努力練習，才能跟得上大家，知道嗎！」（×）

「今天第一天加入桌球社，都還不認識其他人，等等請教練幫我們介紹跟你一起練習的夥伴好嗎？」（○）

寫在最後

　　最後的最後，在介紹完如何照顧內在需求後，還是要提醒大家，雖然本書涵蓋了七大基礎心理需求，但就深度而言，討論許多需求滿足時，「個人化」的層面我們並沒有提到；或就廣度來說，我們也只是從「家長」的角度來談內在需求，尚有其他議題值得深究。

　　另一個值得思考的地方也在於，其實「心理需求」，不是「一次」滿足了就夠了、就不再需要了。而是在我們的人生道路上，不斷地出現「需要」「追求」「滿足」的輪迴。

　　因此在予取予求的孩子身上也好，在成熟的大人身上也罷，我們都還是會需要這些需求，讓我們知道自己還需要什麼，並帶給我們「想要追求滿足」的動力。

　　因此，本書雖然還有很多地方討論得不夠詳盡，但作為一本入門書，想告訴大家的是：因為內在需求而出現「想要」的想法，就如同前面一直強調的——很正常。

我想要依附，所以我會珍惜親密關係；

我想要預期，所以我會試著面對改變；

我想要控制，所以我會思考如何解決問題；

我想要成效，所以我知道付出很重要；

我想要自尊，所以我會認同自己的自我價值；

我想要道德，所以我會修正自己的行為；

我想要歸屬，所以我會重視人與人之間的相處。

而當我們找到平衡的方式照顧自己的內在需求時，或許帶來的其中一個改變，就是不再需要內在需求發出情緒訊號來當作警訊。而另一個更珍貴的收穫就在於，因為需要而產生的動力，最終，終能成為我們保有的一顆赤子之心。

參考資料

第一章

1. Vansteenkiste, M., Ryan, R.M. & Soenens, B. Basic psychological need theory: Advancements, critical themes, and future directions. Motiv Emot 44, 1–31 (2020).

2. Ryan, R. M., & Deci, E. L. (2017). Self-determination theory: Basic psychological needs in motivation, development, and wellness. New York: Guilford Publishing.

3. Tricomi EM, Delgado MR, Fiez JA. Modulation of caudate activity by action contingency. Neuron. 2004 Jan 22;41(2):281-92.

4. Tanaka, Saori C et al. "Calculating consequences: brain systems that encode the causal effects of actions." The Journal of neuroscience : the official journal of the Society for Neuroscience vol. 28,26 (2008): 6750-5. doi:10.1523/JNEUROSCI.1808-08.2008

5. Adolf, M. F. (2021). Associations Between Dimensional Parenting Style and Adolescent Personality and Psychological Dysfunction (Doctoral dissertation, Western Carolina University).

6. Yadegarfard, N., & Yadegarfard, M. (2021). The Influence of Media as a Mediator between Parenting Styles and Early Maladaptive Schemas among Children Aged 8-11. Journal of Child and Adolescent Behavior,

9(s3).

7. Feldman, J. S., & Shaw, D. S. (2021). The premise and promise of activation parenting for fathers: a review and integration of extant literature. Clinical child and family psychology review, 24(3), 414-449.

8. Maranges, H. M., & Reynolds, T. A. (2020). Evolutionary Theory of Personality. The Wiley Encyclopedia of Personality and Individual Differences: Models and Theories, 185-197.

9. Asselmann, E., & Specht, J. (2021). Testing the social investment principle around childbirth: Little evidence for personality maturation before and after becoming a parent. European Journal of Personality, 35(1), 85-102.

10. Krupi, D., Ru evi, S., & Vu kovi, S. (2020). From parental personality over parental styles to children psychopathic tendencies. Current Psychology, 1-10.

11. Wirthwein, L., Bergold, S., Preckel, F., & Steinmayr, R. (2019). Personality and school functioning of intellectually gifted and nongifted adolescents: Self-perceptions and parents' assessments. Learning and Individual Differences, 73, 16-29.

第二章

1. Kreibig SD. Autonomic nervous system activity in emotion: a review. Biol Psychol. 2010 Jul;84(3):394-421.

2. Jerath R, Beveridge C. Respiratory Rhythm, Autonomic Modulation, and the Spectrum of Emotions: The Future of Emotion Recognition and Modulation. Front Psychol. 2020 Aug 14;11:1980.

3. Hobson, N. M., Schroeder, J., Risen, J. L., Xygalatas, D., & Inzlicht,

M. (2017). The psychology of rituals: An integrative review and process-based framework. Personality and Social Psychology Review, 22(3), 260–284.

4. Hobson NM, Bonk D and Inzlicht M (2017) Rituals decrease the neural response to performance failure. Peer J 5, e3363.

5. Anastasi, M. W., & Newberg, A. B. (2008). A preliminary study of the acute effects of religious ritual on anxiety. The Journal of Alternative and Complementary Medicine, 14(2), 163–165.

6. Lang, M., Krátky ', J., Shaver, J. H., Jerotijevic', D., & Xygalatas, D. (2015). Effects of anxiety on spontaneous ritualized behavior. Current Biology, 25, 1892–1897.

7. Foster DJ, Weigand DA, Baines D. 2006. The effect of removing superstitious behavior and introducing a pre-performance routine on basketball free-throw performance. Journal of Applied Sport Psychology 18(2):167–171

8. Brooks, A. W., Schroeder, J., Risen, J. L., Gino, F., Galinsky, A., Norton, M. I., & Schweitzer, M. E. (2016). Don't stop believing: Rituals improve performance by decreasing anxiety. Organizational Behavior and Human Decision Processes, 137, 71-85.

第三章

1. Ly V, Wang KS, Bhanji J, Delgado MR. A Reward-Based Framework of Perceived Control. Front Neurosci. 2019 Feb 12;13:65.

2. Prentice, M., Jayawickreme, E., & Fleeson, W. (2020). An experience sampling study of the momentary dynamics of moral, autonomous, competent, and related need satisfactions, moral enactments, and

psychological thriving. Motivation and Emotion, 44(2), 244–256.

3. Leotti LA, Iyengar SS, Ochsner KN. Born to choose: the origins and value of the need for control. Trends Cogn Sci. 2010 Oct;14(10):457-63.

4. Gabay AS, Radua J, Kempton MJ, Mehta MA. The Ultimatum Game and the brain: a meta-analysis of neuroimaging studies. Neurosci Biobehav Rev. 2014 Nov;47:549-58.

5. Chang LJ, Smith A, Dufwenberg M, Sanfey AG. Triangulating the neural, psychological, and economic bases of guilt aversion. Neuron. 2011 May 12;70(3):560-72.

6. Cannon, D. R. (1999). Cause or control? The temporal dimension in failure sense-making. *Journal of Applied Behavioral Science*, 35(4), 416–438.

7. Thompson SC. Will it hurt less if i can control it? A complex answer to a simple question. Psychol Bull. 1981 Jul;90(1):89-101.

8. Crombez G, Eccleston C, De Vlieger P, Van Damme S, De Clercq A. Is it better to have controlled and lost than never to have controlled at all? An experimental investigation of control over pain. Pain. 2008 Jul 31;137(3):631-639.

9. Shapiro DH Jr, Schwartz CE, Astin JA. Controlling ourselves, controlling our world. Psychology's role in understanding positive and negative consequences of seeking and gaining control. Am Psychol. 1996 Dec;51(12):1213-30.

10. Mendez MF. The neurobiology of moral behavior: review and neuropsychiatric implications. CNS Spectr. 2009 Nov;14(11):608-20.

11. Lieberman MD, Eisenberger NI. Neuroscience. Pains and pleasures of social life. Science. 2009 Feb 13;323(5916):890-1.

12. Kidd C, Hayden BY. The Psychology and Neuroscience of Curiosity. Neuron. 2015 Nov 4;88(3):449-60.

Self-help 13

接住孩子前，先接住自己

作　　　　者	童童老師（童雋哲）、鍾宛玲
責 任 編 輯	鍾宜君
封 面 設 計	FE工作室
排　　　　版	薛美惠
行 銷 企 劃	黃安汝・蔡雨庭
出版一部總編輯	紀欣怡

出 版 者	境好出版事業有限公司
發　　　行	采實文化事業股份有限公司
業 務 發 行	張世明・林踏欣・林坤蓉・王貞玉
國 際 版 權	鄒欣穎・施維真・王盈潔
印 務 採 購	曾玉霞
會 計 行 政	李韶婉・許俶瑀・張婕莛
法 律 顧 問	第一國際法律事務所　余淑杏律師
電 子 信 箱	acme@acmebook.com.tw
采 實 官 網	www.acmebook.com.tw
采 實 臉 書	www.facebook.com/acmebook01

I S B N	978-626-7087-86-2
定　　　價	420元
初 版 一 刷	2023年2月
初 版 三 刷	2023年9月
劃 撥 帳 號	50148859
劃 撥 戶 名	采實文化事業股份有限公司
	104台北市中山區南京東路二段95號9樓
	電話：(02)2511-9798
	傳真：(02)2571-3298

特別聲明：有關本書中的言論內容，不代表本公司立場及意見，由作者自行承擔文責。

國家圖書館出版品預行編目資料

接住孩子前，先接住自己 / 童雋哲 , 鍾宛玲著 . -- 初版 . -- 臺北市：
境好出版事業有限公司出版：采實文化事業股份有限公司發行 , 2023.02
320 面 ; 17×23 公分 . -- (Self-help ; 13)
ISBN 978-626-7087-86-2(平裝)

1.CST: 情緒管理 2.CST: 生活指導 176.52 111021788